中国脱贫攻坚的社会调查

连玉明 主编

山村调查

第三卷

社会科学文献出版社
SOCIAL SCIENCES ACADEMIC PRESS (CHINA)

编 委 会

汪冶国	张国华	孙清香	肖连春
赵灵灵	朱盼盼	王 琨	陈盈瑾
蒋 璞	姜思宇	李明环	洪羽婕
陈淑琴	高桂芳	蒋承恭	黄晓洁
米雅钊	翟萌萌	宋 馨	文 颖
梅 杰	陈 林	胡亚男	张 清
罗 荣	季雨涵	郑 婷	吴峻寒
梁凤娥	姜似海	李龙波	程 茹
彭小林	萧 伟	王 怡	严 旭
易康宁	谢思琪	刘珮琪	裴 飞
陈 贝	陈名彬	彭婷婷	钱 超
李 超	刘 胤	李明星	陈万涛
韦 佳			

首 席 摄 影 胡 凯

摄 影 张志强　楼乐天　储 越

调 研 统 筹 杨胜元

学 术 秘 书 李瑞香　龙婉玲

序

北京国际城市发展研究院与贵阳创新驱动发展战略研究院和铜仁市人民政府发展研究中心合作，组织调研团队，赴铜仁市万山区进行调研，其中对几十个村落的调查，形成了这里五卷本的《山村调查》。这套书的主编、北京国际城市发展研究院的院长连玉明教授邀我为该书作序，我欣然接受。

我很高兴连玉明教授作为城市问题研究的专家，能够把目光关注到乡村。今年，也就是2019年，是新中国成立70周年，我国的人均GDP达到了约1万美元，城镇化水平首次超过60%，但城乡发展之间的巨大差距和乡村发展的相对落后，仍然是我国发展的一个软肋。如果现有的5.6亿农民不能普遍富裕起来，不能实现生活的现代化，就很难实现整个国家的现代化。

2018年全国农村居民人均可支配收入为14617元，只是城镇居民人均可支配收入39251元的37%。而且农村发展本身也很不平衡，2018年浙江农村居民人均可支配收入为27302元，是贵州农村居民人均可支配收入9716元的2.8倍。所以说，总体上看，我国绝大多数农民还没有摆脱相对贫穷的状况。

我国农民人数众多，且绝大多数是小农，每个农户的平均耕地面积只有约0.5公顷，仅相当于欧洲农户平均耕地面积的1/80到1/60，农耕收入微薄。从东南亚一些农地缺乏的国家和地区的现代化经验看，农业普遍像西方国家那样实行规模化经营很难做到。而目前"80后"农村青年就已经很少务农，务农农民过早出现老龄化，很难再转移成非农劳动力。农产品价格也已经多数高于国际市场价格，靠政府补贴财政压力很大，难以为继。怎样让广大农民普遍富裕起来，成为中等收入群体，是我国面对的最大难题。实行新型城镇化，实现城乡一体化发展，促进农户的多样性经营，不断提高农产品的附加值和农民的兼业收入，可能是唯一的选择。

新型城镇化与乡村振兴，实际上是同一个问题的两面。没有乡村的振兴，就无法实现新型城镇化。

《山村调查》这套书在资源枯竭型地区转型和脱贫攻坚的大背景下，从微观角度分析了几十个村落或社区的探索与发展。我国目前有近70万个行政村，数百万个自然村，在城镇化的大潮中，这些村落的发展情况千差万别，从纯农业村、兼业村、工业村到城中村，呈现各具特色的发展面貌。《山村调查》的对象集中在贵州铜仁市万山区，"转型"是万山乡村发展的最突出特点。万山因历史上盛产朱砂而被誉为"朱砂王国"，也是新中国最早的县级行政特区，万山汞矿储量和产量均曾列世界前茅，有"汞都"之称。但到2002年，有630多年开矿历史的贵州汞矿因矿产资源枯竭而正式宣布实行政策性关闭，曾经辉煌的万山特区一度急剧衰落，被倒逼走上了转型之路。

万山的"转型"体现在许多方面，在工业上从采掘业向现代工业转型，在农业上"从田到棚"转型，在服务业上"从小到大"转型。特别值得一提的是，万山地处武陵山片区，那里既是我国山清水秀、生态优美的地方，也长期是集中连片的贫困区。近几年贵州交通快速发展，成为我国西部地区第一个县县通高速的省份，无数的隧道和高架桥把山区连接起来，实现了山区的开放。转型发展和道路的联通带动人才、资金、技术向农村流动，自驾游、乡村康养休闲、乡村旅居等多种走入乡村的产业兴起，乡村振兴和"逆城镇化"成为万山未来发展的新潮流和新动力。万山已经于2018年成功整体脱贫，消除了困扰已久的极端贫困。当然，让农民普遍富裕起来的路还很长。这套乡村调查的书所描绘的变化细节，成为真切观察我国乡村巨变的窗口，也成为资源枯竭地区成功转型的一个样板。

习近平总书记强调，"调查研究是谋事之基、成事之道。没有调查，就没有发言权，更没有决策权"。本书编写组在万山调研的过程中，将前期摸底调研和集中调研相结合，将实地考察和座谈访谈相结合，这种深入一线、扎根基层的调查研究方式，再次证明"做社会学研究，拼的就是社会调查的深入扎实"，值得所有哲学社会科学研究者学习。《山村调查》以资源枯竭型城市万山为窗口，系统介绍了当前我国后发地区脱贫攻坚的积极探索和典型经验，深刻揭示了当前我国后发地区在发展中面临的突出问题，并有针对性地提出了对策建议。这些经验与建议既是万山的，也是贵州的，更是中国的。"观一叶而知秋"，这便是哲学社会科学研究的意义和价值所在。

是为序。

全国人民代表大会社会建设委员会副主任委员

中国社会科学院原副院长、学部委员

2019年10月20日于北京

目录

第六篇

‖ 敖寨乡 ‖

第五篇

黄道乡

乡愁是细雨过后，家门前微湿的石板路；乡愁是新年伊始，屋檐上高挂的红灯笼；乡愁是日落时分，大院中整齐的长板凳……

可否记得儿时的傍晚？每日最期待的，便是饭菜的香味传来，母亲站在门前，轻声唤你，共享全世界最美味的佳肴。

那些曾经一同在阳光灿烂中欢声笑语，在繁花盛开时嬉戏打闹，在夜空繁星下畅想未来的玩伴们，如今你们还好吗？

推动农文旅融合发展
打造乡村旅居新品牌
——丹阳村调研报告

2018年10月22~23日，铜仁市万山区转型可持续发展大调研第十二组成员严旭、易康宁赴黄道侗族乡（以下简称"黄道乡"）丹阳村开展调研工作。调研期间，调研小组就丹阳村基本概况、优势特色、产业发展、精准脱贫等情况与第一书记刘远学，村支部书记张洪群，村主任刘泽福，村委会委员肖德峰、罗仁广、肖德能，村监委会委员罗洪有，致富带头人肖维华等相关人员开展座谈，实地考察了百汇元蔬菜大棚种植基地、黄道乡愁馆、瓦寨，专访了万山区文物局局长杨胜庆、丹阳村支部书记张洪群、致富带头人肖维华、脱贫代表肖运达，并实地走访了罗洪振（男，80岁）、刘七音（女，61岁）、肖元凤（女，42岁）、肖维松（男，65岁）、罗洪益（男，64岁）、杨云秀（女，56岁）、罗洪有（男，56岁）、李丽红（女，44岁）、刘倩（女，24岁）、刘仟（女，21岁）等村民。

一、基本概况与历史沿革

丹阳村位于黄道乡中心地带，东部与马黄村接壤，南靠大榜村，西与龙江村毗邻，北邻锁溪村，地处黄道侗族乡经济、政治、文化中心，是乡人民政府驻地，为万山区新农村建设示范点。全村海拔约430米，属喀斯特地貌，气候十分温和，年平均气温22℃，无霜期为280天，年平均降水量120毫米。村境内土地以黄沙土为主，面积18.9平方公里，人均耕地面积为0.6亩。全村辖15个村民组，农业人口805户、2850人，侗族人口占总人口的90%以上，以刘、罗、肖三大姓为主，全村党员48名，村干部8名。[①] 建档立卡贫困户共有139户、443人，截至2018年10月，已脱贫134户、431人，其中2014年脱贫15户、70人，2015年脱贫16户、66人，2016年脱贫29户、99人，2017年脱贫74户、196人（见表1）。贫困发生率由2014年初的13%下降到2017年末的0.52%。

表1 丹阳村脱贫情况

年份	脱贫户数（户）	脱贫人数（人）
2014	15	70
2015	16	66
2016	29	99
2017	74	196

数据来源：《黄道乡丹阳村脱贫攻坚工作开展情况汇报》。

---

① 数据来源：《万山区黄道乡丹阳村简介》《丹阳村基本信息补充表》。

2018年10月20日，连玉明院长一行与丹阳村85岁村民罗永堂交流，了解其生活情况。

此外，黄道社区居民委员会也驻地于丹阳村。黄道社区居民委员会由原黄道乡机关居民委员会更名而来，主要由退休职工、学生、在职干部组成。黄道社区居民委员会一直以"以人为本，服务居民"为宗旨，以科学发展观为统领，积极创建平安和谐的新型社区。

公元277年，丹阳村纳入秦黔中郡，汉高祖时期属武陵郡无阳县。蜀、汉、晋、宋时，因战事而划拨为夜郎郡，属麻阳戊夜郎。据《省溪县南区古丹阳县地域图》记载，公元628年丹阳村属古丹阳县。公元1912年设置省溪县，丹阳村并入黄道司，拨入省溪县管辖。1957年，万山建立高（初）级农业社38个，丹阳村属黄道乡16个农业社之一。1979年，红星公社改名为黄道人民公社。1984年，贵州省政府批准万山特区成立民族乡，成立黄道侗族乡，丹阳村属黄道侗族乡管辖。2005年万山区决定"撤小村并大村"，将原黄道村、原瓦寨村、原黄溪村合并为一村，因黄道在唐朝初曾设丹阳县，因此将合并的新村命名为丹阳村。

二、基础条件和特色优势

（一）基建亮村：美丽乡村建设巩固提升

丹阳村抓住全省实施农村"组组通"公路三年大决战契机，兴修产业路、延伸入户路和补齐"断头路"，按照宽度1.5米的标准共计硬化连户路6000米，全村组组通、连户路硬化率达到100%，告别了"晴天一身灰、雨天一身泥"的历史。同时，丹阳村大力推进村庄和庭院绿化工作，完成97户2900米"美丽乡村"示范带栅栏及花池建设，130户19500平方米立面改造，改善了村人居环境，为下一步乡村振兴打下了坚实基础。借助脱贫攻坚东风，丹阳村对552户实施"五改一化一维"，其中，改厕313户、改圈47户、改水416户、改厨474户、房前屋后硬化346户、房屋维修119户，户户住房安全有了保障。实施人饮工程4处，覆盖全村15个村民组，确保户户饮水安全有保障。全村所有农户均完成国家农电网改造，广电云"户户用"实现全覆盖。此外，还安装了太阳能路灯210盏，维修村级卫生室1个，改扩建"互助幸福院"1个。

（二）产业强村：产业发展态势良好

农业发展基础较好，现代农业投资环境优良。丹阳村依托传统大棚蔬菜、油茶、香柚、食用菌以及生态养殖，逐步做大规模，带动贫困户增收致富。现有大棚蔬菜80亩，油茶示范基地3000亩，香柚基地1000亩，水杏李120亩。此外，贵州省百汇源农业开发有限公司在丹阳村投资500万元建成300亩高标准蔬菜大棚，万山区兴达食用菌专业合作社投资110万元建成30万棒食用菌厂。丹阳村2018年还将实施新屋场片区百果园项目、仓前蔬菜基地建设项目、板栗湾片区油茶育苗基地建设项目。

农民专业合作社蓬勃发展，企业合作拓宽增收渠道。丹阳村近年来农民专业合作社发展较快，2014年，铜仁市万山区丹阳丹香柚种植专业合作社投资200万元发展丹香柚490亩，铜仁市万山区丹阳生态葡萄种植有限公司投资100万元发展高山葡萄60亩。2017年，铜仁市万山区丹阳富群种植农民专业合作社投资130万元，流转土地100亩，建设高标准蔬菜大棚；飞地经济贵州百汇源农业开发有限公司投资236万元，流转土地300亩，建设高标准蔬菜大棚。同时，专业合作社与企业合作也进一步加强，村民可通过入股方式获取分红。其中，入股朱砂古镇70户，入股富群蔬菜大棚专业合作社38户，入股丹阳生态专业合作社55户，入股百汇源蔬菜大棚42户。

（三）文化兴村：历史文化底蕴深厚

历史文化是传统村落的灵魂，丹阳村拥有一座保存完好的宗祠、一个保存较好的传统村落和一门流传久远的民间艺术。其中，宗祠即刘氏宗祠，距今已有600余年的历史，是历代刘氏家族的活动中心，且文物保存较好，是丹阳村乃至万山区现存最早的古建筑之一。传统村落即瓦寨，瓦寨彰显了独具特色的侗族文化风格，是丹阳村也是黄道乡保留最为完整的自然村寨。民间艺术即鼟锣艺术，丹阳村的鼟锣历史悠久，自元末明初以来流传不息，深受侗族人民喜爱，至今已有数百年历史，为此还成立了专门的鼟锣表演队。

2018年10月20日，连玉明院长在丹阳村乡愁馆翻阅《刘氏族谱》。

三、实践探索与经验模式

（一）优化产业结构，助推产业强村发展

依托支柱产业，优化产业布局。丹阳村以传统种养殖业为主，经济来源主要依靠发展种养殖业和经商、外出务工等。为此，丹阳村一方面依托传统优势产业，成立了以香柚、精品水杏李、油茶为主导产业的农业合作社，推进丹阳村精准扶贫，助推产业转型发展。另一方面积极推动第三产业发展，全村目前从事个体经商、个体运输业、个体加工业的数量位居全乡前茅。丹阳村第一书记刘远学说："原来大家就只种菜，种上去就行，带来经济效益不高的问题。现在根据区里的要求，丹阳村进行了产业结构调整，目前村支'三委'对产业调整也有了自己的思路，要来一场产业革命。"

建立"合作社＋基地＋农户＋贫困户"模式。丹阳村通过小额贷款贴息等政策支持，鼓励产业大户、家庭农场主等致富带头人成立蔬菜种植专业合作社，投资建设大棚蔬菜试点示范基地。[①]同时，村"三委"与其签订帮扶合作协议，提供政策、基础设施建设等保障，将全村贫困户整体入股合作社参与分红，并吸引社会资金参与发展大棚蔬菜。刘远学说："由村支'三委'领办村集体经济，并将财政扶贫资金、村集体发展资金等作为全村精准扶贫户的股金，建设大棚蔬菜试点示范基地，同时还延伸农业产业链条，对村庄的山林、田地、河流等自然资源进行整体规划利用，推动村集体经济基地景区化建设。"

打造"九丰农业＋"模式。丹阳村依托"九丰农业＋"示范点，以九丰农业博览园大棚蔬菜种植技术平台为技术支撑，在大棚蔬菜种植中，标准化建棚、标准化推进、标准化生产，推动了丹阳村大棚蔬菜产量的增长和品质的提升。正如刘远学所说："刚开始新的产业模式运行不是很顺畅，对新的标准产业大棚还是有些不适应。随后区里派来一名山东技术专家和一名科技副乡长进行技术指导，村支'三委'也经常主动邀请他们到大棚去，现在经过学习和专家指导，已经慢慢走上正轨。"

（二）探索双向培养机制，加强新型农民培育

探索"致富带头能人＋村干部"双向培养机制。丹阳村发展意识较强，村"三委"都是发展型干部。在村集体经济发展中，丹阳村依托致富带头人集中的优势，并结合区双向培养政策，正积极探索"把致富

---

① 《万山"九丰农业＋"让山沟沟变身"武陵菜都"》，《贵州日报》2018 年 1 月 28 日。

带头人培养成村干部，把返乡农民工或有思想、有想法的村民培养成致富带头人"的新机制。刘远学说："这个地方发展意识比较强，没有强有力的班子想发展很难，而这个村全是发展型干部。"同时，他还说："发展是我们的主战场，现在全省上下都在搞产业革命，基层需要有头脑的人来带领产业的发展。有的村民想做，但由于受教育程度不一样，跟不上，这个是现实问题。那么我们就需要有致富带头人去引领，把大家的利益联结起来，大家都发展起来，整体水平也就上去了。"

加强新型农民技能培训。建设新美丽农村需要大力提高农民素质，培育新型农民。近年来，丹阳村依托产业发展，一方面，联合相关部门开展各类农村实用技术培训和创业就业培训，内容包含维权意识、安全生产知识、劳动法等法律法规，以及蔬菜、油茶等农产品种植技

2018年10月20日，连玉明院长在丹阳村易地扶贫搬迁户罗洪晒家向其妻张桂秀了解食品储备情况。

术；另一方面，不定期组织致富能人、种植大户到全国各地参观学习、交流经验，以提高农民的专业技术水平和适应市场的能力。刘远学说："农业生产的风险大，比如村民一旦种植一片，最后全部没有收成，那么不仅对他的自信心是一种打击，而且对他的家庭也是一种打击，一旦他撑不起来就很麻烦。那么这个时候拥有健全的培训机制就很有必要。"他还说："还需要加强新型农民的培育，这个很重要。老百姓看到身边的人在发展新的东西，有新型农民了，也看到发展变化了，就会跟着学习、进步。"

（三）创新传承保护方式，打造文化旅游品牌

丹阳村在保护农村原生态自然风光的同时，为留住老建筑、留住原住民，创新传承保护方式。丹阳乡愁馆在保留刘氏宗祠基础功能的基础上，对整个空间区域进行了规划，通过实物、图片、文字和实景等静态与动态相结合的方式，展示了黄道历史、侗族建筑、鼕锣文化等文化风貌。丹阳村村委委员罗仁长说："政府现在也比较重视文化的开发和研究，政府限制不准拆木房子，要保护了，比如侗家有个特色的民寨叫瓦寨，现在作为非物质文化遗产保护起来。"丹阳村监委会主任、老村支书刘洪恩说："我们对刘氏宗祠进行了修缮，对黄道乡的发展脉络和历史文化进行了梳理，同时还收集了一批老物件、老照片和旧资料，就建成了现在的黄道乡愁馆。"

同时，丹阳村依托旅游资源优势，积极融入区域旅游，规划了铜仁市彩虹海—九丰农业蔬菜旅游区—万山镇朱砂古镇—贵竹坪油茶基地—高山葡萄基地—杏子李基地—丹香柚基地—食用菌基地—高标准蔬菜大棚—魅力侗寨瓦寨—乡愁馆的旅游观光路线。正如丹阳村支书

张洪群所说："我们还在乡愁馆的两侧规划建设了一批商铺，未来我们将把这个片区打造成文化、旅游、商贸融合发展的中心区，来旅游的游客在这里不仅能了解黄道的历史文化，还能品尝我们的特色美食，走的时候还能带一些特产回去。"

四、存在问题及原因分析

丹阳村的现代农业发展优势突出、文化底蕴深厚、旅游资源集中，但调研组发现丹阳村旅游与农业、文化融合发展的程度还不高，目前虽然已有关于农旅、文旅发展的产业布局规划，但还没有形成"农旅 + 文旅"融合发展的态势。与此同时，丹阳村是乡政府所在地，存在人员结构复杂、管理难度大等问题。

（一）旅游与农业、文化融合发展程度不高

一是基础设施建设不完善。丹阳村还未形成便捷的旅游交通通道，与周边景点的旅游通道还未打通。丹阳村村委会主任刘泽福说："现在基础设施还没有完善，像我们在瓦寨规划的环寨路，也还没有修好。"二是生态农业休闲旅游发展滞后。丹阳村对山地、森林、养生等休闲度假旅游产品的开发较为缓慢，生态农业旅游开发项目进展也较为缓慢。张洪群说："主要现在仅仅靠部门、靠政府，不像其他地方有开发商来开发，所以旅游开发这一块就相对要慢一些。"三是旅游公共服务还不健全。丹阳村尚未形成便捷、舒适、高效的旅游服务体系，乡村旅游交通标准体系还不完善，难以建成有特色、有竞争力的住宿和餐饮品牌。

（二）人员结构复杂，管理难度大

丹阳村作为黄道乡经济发展较为突出的村，在产业发展方面做了一系列探索，也取得了不俗的成绩。但在乡村治理方面仍需进一步加强。目前，丹阳村乡村治理主要存在以下两个难题。

人员结构复杂，流动人口多。一是近年来随着万山区城市转型发展，黄道乡优化了城乡发展格局，丹阳村为乡政府和黄道社区居委会所在地，因此存在居民和村民混居的情况。二是本村大学生毕业后户口迁回丹阳村，却未必在此生活，空头户也较多。三是丹阳村作为黄道乡的政治、经济和文化中心，是黄道乡流动人口最为集中的地方，人员结构相对复杂。刘远学说："这个地方是乡政府所在地，人员结构很复杂，有乡里面的，有本村居住在这里的，还有其他村过来生活的，给管理带来了很大挑战。"

2018年10月22日，调研十二组实地考察丹阳村百汇园大棚蔬菜种植基地。

管理水平低，缺乏现代化管理手段。调研组发现，丹阳村目前主要还是沿用传统行政管理模式，在管理中偏重落实上级行政部门下达的任务和要求，忽视了对本村公共事务的管理和服务，存在村民参与公共事务渠道不够通畅、参与积极性不高、参与度不够的问题。另外，丹阳村在村级管理中，缺乏现代管理理念，导致乡村治理缺乏有效监管。刘远学说："现在国家要求运用现代化治理模式进行管理，比如用大数据技术进行管理，但目前这对丹阳来说很难，这是现在丹阳亟须思考的，也是下一步需要加强的方面。"

五、对策与建议

（一）"农旅 + 文旅"融合发展，培育经济新增长点

丹阳村要巩固脱贫攻坚成果，促进乡村发展与乡村振兴的关键就在于把农业、旅游、文化融合起来，推动农旅、文旅融合发展，培育经济新增长点，以增强农村发展内生动力。一是推进旅游基础设施建设。将巩固精准脱贫成果与乡村振兴战略建设融合推进，继续加大基础设施建设力度，尽快打通一条景区旅游通道；推进"厕所革命"向乡村旅游延伸；加快推进生态农业旅游观光园、瓦寨魅力侗寨旅游开发项目。[①] 二是促进生态农业休闲旅游产品开发。加快发展休闲度假旅游，充分发挥丹阳山地、森林、养生等资源优势，开发特色生态农业休闲度假产品。三是完善旅游公共服务体系建设。完善乡村旅游交通标识体系，建设旅游绿道；培育一批具有竞争力的住宿、餐饮品牌；

---

① 刘妍：《女大学生乡村旅游创业实践研究》，《旅游纵览》2018 年第 12 期。

深入挖掘民间传统小吃，打造特色餐饮品牌。四是加强乡村旅游规划指导。坚持个性化、特色化、市场化发展方向，加大乡村旅游规划指导、市场推广和人才培训力度；实施"乡村旅游后备箱"行动和"乡村旅游创客行动"计划，推动农副土特产品通过旅游渠道销售，支持旅游志愿者、艺术和科技工作者驻村帮扶、创业就业，打造乡村旅游创客基地和以乡情教育为特色的研学旅行示范基地。①

(二) 探索现代乡村治理模式，推进基层民主法治建设

丹阳村应积极探索自治、德治、法治"三治"相结合的乡村治理方式，不断完善民主管理机制，促进稳定发展。一是加强民主决策。坚持民主公开，严格按照重大事项决策"一事一议"程序，针对涉及工程建设、土地承包、转让等村级重大事项，提交党员大会和村民代表会议讨论决定，在取得大多数村民的同意和支持后，由村班子集体共同确定工作目标，并予以落实。②二是规范民主管理。制定《丹阳村民主理财制度》《丹阳村村务、财务公开制度》《村民自治章程》，及环境卫生、土地征用、建房审批等一系列制度，使村务活动有法可依、有章可循，为村干部依法、依章管理村务，村民有序参与村务管理奠定基础。三是完善民主监督。实行"阳光理财"，选举推荐办事公正、责任心强的群众组成村民监督理财小组，对村集体经济组织财务活动，财务事项进行全过程监管。每年定期在村民代表大会上向村民汇报党总支、村委会的工作，并开展对村干部的民主评议活动，以无记名、

---

① 《国务院印发〈"十三五"旅游业发展规划〉》，《城市规划》2017 年第 6 期。
② 马永定、张伟光、戴大新：《乡村治理现代化的样板——对绍兴市上虞区祝温村治村模式的调研》，《绍兴文理学院学报》(哲学社会科学版) 2014 年第 5 期。

书面方式来综合评价班子成员。

（三）加强传统村落保护，挖掘历史文化内涵和价值，积极打造乡村旅居品牌

乡村振兴要注重保护农村原生态的自然风光，留住乡愁，因此在落实乡村振兴战略过程中，丹阳村要把传统村落保护放在更加突出的位置，最大限度地保存其原有风貌、留住乡愁、留住历史。一方面，应加强历史文化内涵和价值的挖掘。历史文化是传统村落的灵魂，丹阳村通过建设乡愁馆、保护传承有百年历史的鬓锣文化，已经积累了初步的经验，下一步还要继续挖掘，重塑传统村落的文化价值，让历史遗存与当代生活共融，让村落景观与人文内涵共生，重新焕发传统

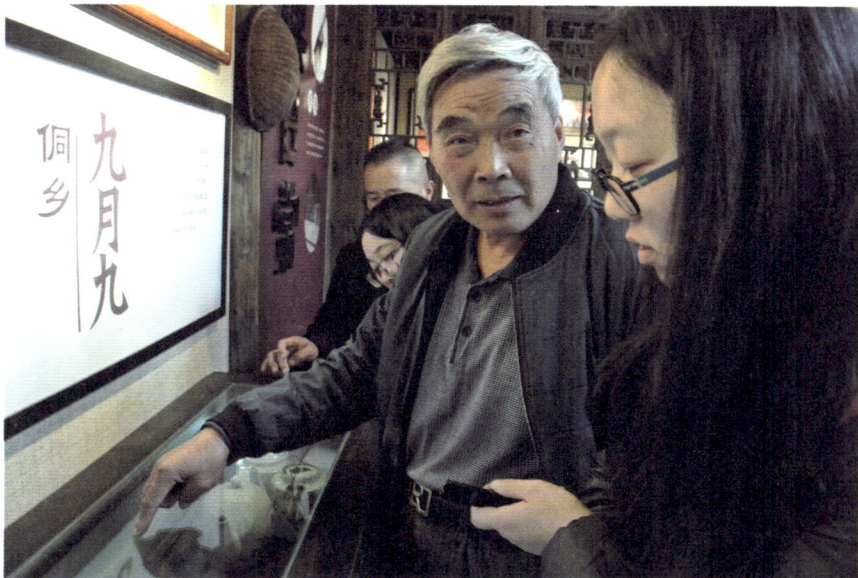

2018年10月22日，调研十二组在丹阳村监委会主任、老支书、刘氏后人刘洪恩的带领下参观刘氏宗祠（即乡愁馆）。

村落的生机与活力。另一方面，立足自身优势，打造乡村旅居品牌。丹阳历史文化厚重、生态环境优美、乡风民风淳朴、传统村落保护较好，应将这些资源要素利用好、挖掘好，统一规划设计，打造高品质、有特色的养心、养生、养老乡村旅居品牌，为后发地区乡村振兴提供"丹阳智慧"和"丹阳模式"。

参考文献

1. 国务院扶贫开发领导小组办公室：《脱贫攻坚政策解读》，党建读物出版社，2016。

2. 马宝成：《村级治理：制度与绩效》，中国社会出版社，2010。

3. 贵州省铜仁市万山区侗学研究会：《万山鼟锣》，现代出版社，2015。

4. 刘妍：《女大学生乡村旅游创业实践研究》，《旅游纵览》2018年第12期。

5. 马永定、张伟光、戴大新：《乡村治理现代化的样板——对绍兴市上虞区祝温村治村模式的调研》，《绍兴文理学院学报》(哲学社会科学版)2014年第5期。

6. 《国务院印发〈"十三五"旅游业发展规划〉》，《城市规划》2017年第6期。

山腰间，云雾飘渺，袅袅升腾的雾气像雪白的面纱，遮掩着树林羞涩的脸。远处，山峦起伏，山坡上梯田一层一层，仿佛是通往山那头的归家路。

　　远处，是一群群活泼的山猪在尽情撒欢，蓝天、白云、山坡、田野，与这群可爱的生灵，描绘出绚丽多彩的马黄之美。

猫儿在屋后慵懒地休憩与散步，狗儿在房前眺望着主人的归途。

篱笆里种着菜，窗台前栽着花，岁月静好，鸡犬桑麻。

整合各方资源
推动资金、技术、人才互融互促
——马黄村调研报告

2018年10月22~23日，铜仁市万山区转型可持续发展调研十二组成员何丹、王怡赴黄道侗族乡（以下简称"黄道乡"）马黄村开展调研工作。调研期间，调研小组在马黄村村民委员会会议室与黄道乡人大主席刘成妹、马黄村第一书记姚元志、村支部书记肖源水、村委会主任吴先美、村监委会主任肖维春、村委委员杨桂桃及吴先见等相关人员开展座谈，并深度访谈了现任第一书记姚元志、致富带头人刘泽见。同时，实地考察了亿利黑香猪生态特色养殖公司、武陵代养生猪养殖基地、肉牛养殖基地，走访了杨序华（男，54岁）、杨序坤（男，47岁）、杨宗亮（男，66岁）、肖四妹（女，34岁）、吴玉珍（女，64岁）、陈新莲（女，63岁）、吴银梅（女，80岁）、姚元相（男，79岁）、吴连生（男，56岁）、吴克明（男，71岁）等村民，完成10份问卷调查。通过调研，形成调研报告如下。

一、基本概况与历史沿革

马黄村位于贵州省铜仁市万山区黄道乡北部，东邻湖南马路坡，南靠丹阳村，西邻长坳村，北靠下溪乡铁门村，距乡政府驻地6.7公里，距万山城区约50公里。全村耕地面积403亩，其中田300亩，人均耕地面积0.5亩，属喀斯特地貌，平均海拔约460米，气候十分温和，年平均气温22摄氏度，无霜期280天，年平均降水量120毫米，村境内土地以黄沙土为主。

马黄村全村人口242户、974人，主要民族为侗族、苗族，侗族人口占总人口的80%，党员17人，外出务工人员324人，60岁以上老人182人，其中90岁以上老人2人，"三无"（无劳动能力、无收入来源、无子女赡养）老人7人。马黄村下辖蓑衣塘、大排坡、新屋、田坝、老院子、枞木湾、腊溪、姚家、蒲家、杨家组10个村民组，主要有蒲姓、吴姓、肖姓、田姓和杨姓人家，主要村寨集中在蓑衣塘、老院子和田坝片区。2014年全村建档立卡贫困户数量为84户、294人，属一类贫困村。2016年贫困发生率为18.4%，2017年贫困发生率为2.6%，2018年出列贫困村。[①]

当前，马黄村村"三委"班子健全，村支部书记肖源水、村主任吴先美、村监委会主任肖维春，均于2016年12月经选举任职。现任第一书记姚元志，于2016年3月由铜仁市万山区城乡建设管理局下派到马黄村。由下派干部组成的驻村工作队常驻队员有铜仁市万山区人大常委会环工委主任谭开勇、铜仁市万山区人力资源和社会保障局办公室

---

① 资料来源：《黄道乡马黄村基本情况汇报》，由黄道乡人民政府提供。

工作人员杨细领、铜仁市万山区纪委监察委干部陈武警[1]，均于2017年8月下派。包村领导为乡人大主席刘成妹。[2]

关于马黄村名字由来，其源于远古时代在此居住的三户人家，一家姓马、一家姓黄、一家姓廖。三家开始居住于现杨家组的三家屯，后又搬到现在田坝组老井对面居住，第二次由老井搬到现在田坝组的老屋，第三次又由老屋搬到现在的老院子。随着人户的逐渐增多，又从老院子搬到了田坝。马黄村村名的前身是马黄廖，由于浓重的侗音被叫成"马王尿"，后人觉得这名字不好听，将马黄廖改名为马黄村。[3]公元277年，马黄村被纳入秦黔中郡，汉高祖时期属武陵郡无阳县。蜀、汉、晋、宋时，因战事而划拨为夜郎郡，马黄属麻阳戊夜郎。据《省溪县南区古丹阳县地域图》记载，公元628年属于古丹阳县。洪武五年（公元1372年）因刘贵公平定苗人，原居住的苗族人大部分被赶迁至现松桃县，留下部分蒲姓、田姓仍居住在马黄村。公元1913年，设置省溪县，马黄并入黄道司。1949年11月16日，玉屏乡人民政府接管黄道乡政权，马黄村属玉屏县民间第六区。1953年5月1日，长坳乡成立，马黄村属长坳村管辖。1958年12月29日，经国务院批复撤销玉屏、江口两县，并入铜仁县，马黄属长坳管辖区。1961年8月18日，国务院批复，恢复江口、玉屏县，万山仍属玉屏县，马黄属长坳公社管辖一直延续到1966年5月1日，万山特区成立。1966年2月22日，经中共中央、国务院批准设立万山特区，马黄村辖万山特区管辖。1984年12月，贵州省政府批准万山特区成立民族乡，成立黄道侗族乡，马黄村属黄道

---

① 原铜仁市万山区纪律检查委员会，于2018年合并至万山区纪委监察委。
② 资料来源：《黄道乡第十届村党组织名单》《黄道乡第十届村委名单》。
③ 资料来源：《黄道侗族乡马黄村——村志、村史》，由马黄村村民委员会提供。

2018年10月20日，连玉明院长与马黄村村民滕雪玉及其孙子交流，了解就学情况。

侗族乡管辖。2005年11月，实施"小村并大村"政策，马黄村属长兴村管辖。2011年，马黄村从长坳村分离出来，独立至今。①

二、基础条件和特色优势

（一）基础设施：公路建设突飞猛进，基本形成网路格局

　　2003年以前马黄村没有公路，除一两座木质桥以外，许多深沟无桥无路，村民出行只能依靠崎岖不平的羊肠小道，逢山爬山逢水蹚水。每遇山洪暴发，马黄村人民几乎"与世隔绝"。2002年按照群众筹一点、政府补一点、群众自行调田地、群众投工投劳的方式，马黄村于2003年修

---

① 资料来源：《黄道乡马黄村基本情况汇报》，由黄道乡人民政府提供。

通了丹阳村新屋场组至马黄村田坝组4公里长、3.5米宽的一条泥土路。2004年后，群众投工投劳，陆续修通了马黄村腊溪、姚家、蒲家、枞木湾等组级公路。2013年，在万山区交通局的支持下，马黄村硬化了丹阳村新屋场至田坝组村级公路。2017年，借助脱贫攻坚东风，马黄村硬化了22公里通组公路，实现了水泥路"组组通"，形成了"一纵四横"①的交通网络格局，彻底结束了人们出行"晴天一身灰，雨天一身泥"的历史。

（二）人居环境：依托"脱贫攻坚"，安居幸福感显著提升

近年来，在脱贫攻坚政策的帮扶下，随着基础设施建设的不断完善，马黄村的人居环境也得到了显著改善。截至2018年9月，马黄村实施"五改一化一维"项目220户，其中贫困户82户、非贫困户138户，改厕175户，改厨164户，改水181户，改圈48户，房前屋后硬化184户约800平方米，房屋维修22户，实施农村危房改造102户；广电云"户户用"方面，全村安装广电云236户，基本实现农户全覆盖；公共文化、卫生服务设施方面，已维修马黄村级卫生室1个，改扩建幸福院1个。目前，村内初步形成了病有所医、老有所养，生产发展、生活宽裕，村容整洁、乡风文明的良好态势。②

（三）自然条件：山多地少，林地资源丰富

马黄村自然资源丰富，峰峦网岭起伏，全村地势呈北高东低走势，四面环山，群山环抱，林木繁茂葱郁，全村森林覆盖率达85%，形成

---

① "一纵"，丹阳村新屋场至蓑衣塘通村公路；"四横"，马黄村枞木湾至腊溪通组公路、枞木湾至姚家、道清通组公路、蓑衣塘至下溪乡铁门村、蓑衣塘至湖南白岩村。

② 数据来源：《黄道乡马黄村基本情况汇报》，由黄道乡人民政府提供。

体现山地聚落人居环境智慧的空间格局。依托丰富的林业资源，马黄村加强林木材料的运用，经岁月的积淀，使群众居住的房屋多以木质结构为主。随着人口的增加，逐步发展形成人在绿树成荫中居住的世外桃源。同时，马黄村还是黄道乡的重点林区村，其中林地面积8000余亩，活立森蓄积量80万立方米；木用材料森林2000亩，生态公益森林6000亩。此外，马黄村有黄道乡唯一一棵保存1000余年的"雪花树"，据传有准确预测雪天、凝冻天气的功能。按照"靠山吃山、靠水吃水"的发展思路，马黄村的林业资源具有很大的开采与发展潜力。

三、实践探索和经验模式

马黄村属省一类贫困村，也是黄道乡自然条件、基础设施最差的

2018年10月20日，连玉明院长向马黄村村民滕雪玉的婆婆了解当地食材野山笋。

村，"地无三尺平、天无三日晴""有女不嫁马黄郎、有儿不娶马黄女"曾是马黄村的真实写照。由于受到基础设施和地理条件的制约，2017年前马黄村的产业发展几乎为"零"。近年来，马黄村借助"脱贫攻坚"政策，引进社会资金，大力发展村集体经济，逐步推动了马黄村的经济与文化发展。同时，马黄村还制定了村庄长期发展规划，明确了以养殖业为主、商品林开发及林下种养殖为辅的产业发展布局。

（一）以生猪养殖为主导产业，实现村集体经济"零"的突破

按照合理规划、因地制宜的发展原则，马黄村自2017年开始大力发展生猪养殖业以来，通过生猪养殖和特色养殖，创新产业扶贫新模式，推动村集体经济实现了"零"的突破，并首次实现村集体经济的资金积累，完成收益分红后资金盈余累计达3万余元。

干部带头，发展生猪养殖业。为发展产业经济，马黄村村支部书记肖源水于2012年率先带头在马黄村蓑衣塘开始饲养生猪并初见成效，并于2016年成立了笔架山妇女专业合作社，自此奠定了马黄村以生猪养殖为主导产业的基石，目前年出栏生猪500头。2017年，为摆脱村集体经济"空壳"现状，马黄村成立了美源生猪养殖有限公司，公司出劳动力、出场地建成生猪养殖圈舍1800平方米，与万山区武陵牧业公司合作，由武陵牧业公司出技术、供仔猪，实现年出栏生猪3000头以上。2017年底，美源生猪养殖有限公司总产值已达60万元，纯利润9万元，武陵牧业补助利润13万元，贫困户户均分红4.2万元，村集体经济达3.7万元。此外，马黄村养殖产业于2017年全面开花，亿利黑香猪生态特色养殖公司年出栏黑香猪1000头，志城专业合作社年出栏生猪1000头。除生猪外的其他养殖业还有自主发展肉牛养

殖场1家，存栏肉牛100头；东边杨家组蜜蜂专业养殖户1户，养殖蜜蜂100箱。

人才返乡，探索特色养殖业。万山区亿利特色生态养殖有限公司法人刘泽见是黄道乡丹阳村人，原来在铜仁市万山区承包建筑工程。2017年3月，刘泽见赴湖南考察后回到马黄村建立了黑香猪养殖基地。刘泽见说："黑香猪全身都是宝，价格不易受市场风波影响，经济效益特别高，根据我们在一线城市的市场调查，特色生态香猪肉价格高达80~85元一斤。"目前，该基地是万山区唯一一家规模化的香猪养殖基地，一期总投资260万元，圈舍已经建设完毕，目前有母猪200余头、种猪5头、猪苗400余头、可售黑香猪300余头；二期建设正在稳步推进，主要是200头规模的母猪培育基地，预计投入资金200多万元，于2019年下半年出栏黑香猪2000头。目前，该基地带动精准扶贫户11户年分红3000元以上。

企农联动，创新产业扶贫模式。为帮助农户增收，助力脱贫致富，马黄村通过"企农联动"模式，探索了发展致富的新路子。一是将脱贫攻坚专项基金100万元入股到区级龙头企业朱砂古镇，让贫困群众成为股东入股分红，打破了扶贫基金使用的惯性思维，建立"龙头企业＋贫困户"的利益联结机制，每年按照入股资金的4%用于贫困户分红，带动56户建档立卡户户均增收1600元以上。二是围绕创新产业扶贫利益联结机制，动员贫困户利用"特惠贷"入股企业13户，实现户均增收3000元。三是积极动员有技术、有意愿、有能力的青年大力发展养殖，兴建了志城专业合作社、蜂蜜专业合作社等4家，肉牛养殖场1家，群众自建自养10户，发放产业鼓励资金20万元，有效提升了贫困群众内生发展动力，稳定产业扶贫收入。

2018年10月22日，调研十二组实地考察马黄村笔架山养殖专业合作社养殖场。

（二）整合资金力量，完善村基础设施建设

除了扶贫专项资金的使用，马黄村争取多方资金支持，进一步弥补基础设施方面的短板。2017年，马黄村村委会联动万山区住建局，动员社会企业及各界爱心人士捐赠9.5万元，投入对马黄村的基础设施建设中。其中，贵州年利丰置业有限公司、铜仁市仁聚特种设备服务有限公司、铜仁市安稳建设租赁有限公司等10余家企业参与捐款，最高捐赠金额为20000元，最低为5000元。资金用于修建组组通产业联通路10公里，其中蒲家至道清排坡1公里、姚家至枞木湾众土湾盖上1公里、枞木湾盖上至塘坳1公里、老院子变压田边至冯江冲1公里、漆树塘至马坡2公里、腊柒老屋坡至志成养殖场1.5公里、大排坡新屋至塘坳1.5公里、茶林至产子坪1公里。同时，2017年万山区住建局对马黄村村小广场进行维修，安装路灯15盏；并在春节期间走访慰问贫困户、

困难党员、空巢老人等人群，发放慰问金5000元；"六一"期间对马黄村44名小学生进行节日慰问，赠送体育用品，向39名留守儿童赠送爱心酸奶及书包等学习用品。

2017年，马黄村还在区人大和质监局帮扶下，在蓑衣塘兴建了山塘一座。

（三）强化公共文化服务，打造文明示范村

为了丰富马黄村村民的文艺娱乐生活、陶冶村民情操、增进乡里感情，马黄村村委会通过设立棋牌娱乐室、组织健身广场舞活动等方式，为村民提供文娱活动场所与条件，推动文明乡村建设。杨桂桃是马黄村村民委员会委员、妇联主任，负责村文娱活动的组织和开展。村委会置办音响、电视等广场舞设备后，她开始组织村民妇女参与广场舞健身活动，并成立了一支广场舞舞蹈队，每个周末吃完早饭后，广场舞爱好者会自发到村委会广场参加活动，农忙时节也尽量保证一周一次的活动频次。目前舞蹈队共12人，专门定做了统一的服装，2017年还代表马黄村参与了乡镇"五一"文艺会演活动。"以前没有这个条件，喜欢在电视上看唱歌跳舞的节目，如今大家一起跳舞，觉得很放松很开心。"吴玉珍家客厅挂着舞蹈队的大合照，她64岁，是舞蹈队里年纪最大的队员，自从坚持了跳广场舞这个爱好，她的晚年生活也变得更加充实。此外，马黄村还设立了专门的村民娱乐室，周末提供午饭，组织村民参与娱乐活动，具体包括下山棋、象棋、军棋等娱乐项目。马黄村第一书记姚元志表示，组织和引导村民多参与娱乐活动，能够充实生活，减少纠纷摩擦，从而营造一个更健康、更友爱的乡村文明风貌。

四、存在问题及原因分析

近两年来，借助脱贫攻坚政策东风，马黄村发力赶超，打了一场漂亮的"翻身仗"，但获得显著成绩与经济成效的同时，产业布局及发展仍存在以下几个问题。

（一）缺乏长效产业支撑，产业布局不平衡

由于山多地少、土壤条件恶劣，当前马黄村的产业发展以养殖业为主，缺乏对种植业发展的研究与探索。因此，造成产业结构单一、产业布局不平衡、长效产业基本为"零"的尴尬局面。从客观方面来看，马黄村山地众多，全村土地不集中、土壤贫瘠，产业发展受到地理条件及基础设施的严重制约，种植业难以形成规模化发

2018年10月22日，调研十二组实地考察铜仁市万山区金牛养殖有限公司。

展。第一书记姚元志表示，此前马黄村试种过水仙桃、八月瓜、宁夏花生等农作物，但由于土壤条件、管理经验不足等，没有发展起来。从主观方面来看，马黄村对产业发展缺乏规划布局，迫切追求经济发展的同时，忽略了产业发展的合理性及可持续性。因此，当前马黄村集体经济发展以生猪、牛、跑山鸡养殖等短效产业为主，缺乏长效产业的规划与发展。正如刘成妹所说："马黄村是黄道乡最差的一个村，虽然这几年发展得不错，但是基础设施还是有欠缺，产业发展也存在一定的问题，还需要进一步对产业发展进行合理规划和结构调整。"

（二）粗放型产业为主导，生态环境受威胁

马黄村产业发展起步晚，产业发展模式整体仍待从粗放型向集约型转变。以马黄村养殖业发展为例，除城达山鸡养殖专业合作社，其他产业主要集中在蓑衣塘片区，是马黄村地势较高之处，加之当前部分养殖场存在养殖方式落后、圈舍卫生条件恶劣、污染物排放不合规等问题，存在造成大面积生态污染的潜在风险。笔架山妇女养殖专业合作社位于蓑衣塘，是马黄村地势较高之处，由于缺乏排污装置和科学指导，圈舍粪便直接排放至附近山坡，不仅恶臭难掩，还存在污染土壤和水源的风险。此外，肉牛养殖基地也存在圈舍清扫不及时、粪便排放不规范的情况。调研中，吴先美表示："由于马黄村的地势高，产业污染物如果排放不合理，易污染马黄村水源。此外马黄村临近湖南，污染问题易引发纠纷。为了控制养殖业大规模污染的风险，每个养殖基地规模必须控制在5000头以下。"

（三）资金技术不充足，制约产业规模化发展

资金和技术的短缺是制约马黄村产业进一步发展壮大的重要因素。一方面，由于产业长期空缺，村民思想保守，村集体经济募集资金困难；另一方面，外出务工青年较多，全村懂技术、会经营、会管理的人员少，专业技术人员短缺。亿利特色生态养殖有限公司占地15亩，是马黄村已呈规模的黑香猪养殖基地，但仍然严重缺乏专业技术人员。"1000余头香猪的疫苗接种，需要我自己一头头打。"万山区亿利特色生态养殖有限公司法人刘泽见说，好的技术人员不好找，而且聘请费用不菲，每年需要额外支付10多万元的工资。此外，马黄村企业发展主要依靠私人资金与个体技术，产业发展抗风险能力较弱；个体产业资金缺乏有效管理，加上养殖技术和思想意识落后，难以做大做强。

五、对策与建议

（一）多元融合，科学规划，调整产业结构

农业产业化发展是壮大村集体经济的重要方面，村集体经济在发展的过程中，要注重结合实际、着眼未来、统筹规划、多元融合。一是在以某一产业为主导产业的同时，应通过扶贫资金的倾斜，鼓励乡贤能人注重多元融合发展，引导农户发展多元经济，推进产业结构合理化、一、二、三产业融合发展，长短效产业齐肩并进。二是因地制宜，科学发展。当前农村在农业产业发展中，常常受到客观条件的制约。村"三委"应积极发挥主观能动性，邀请专业团队对村产业发展进行实地考察和评估，真正做到结合实际、科学规划，

引进适宜发展的产业，变"劣势"为"优势"，打造独树一帜的农产品品牌。

（二）加强环境督查，发展绿色经济

在农村经济发展中，如何平衡好经济发展与生态保护的关系始终是一大难题。在迫切发展村集体经济的情况下，马黄村在生态环境的保护方面还存在不足。因此，调研组建议：一是从区级层面，加强生态环境督查，不定期到基层进行暗访督查。同时，建议每个行政村均设立"环境督查信箱"，鼓励村民参与督查工作。二是加强领导班子的思想教育，引导形成"绿水青山"就是"金山银山"的思想观念，倡导发展绿色经济。三是推进产业发展从粗放型向集约型转变。产业发展中要加强科技支撑，使产业发展趋于科学化、规范化和标准化。例如，生猪养殖方面要发展现代高效养殖业。

（三）整合资源，实现"资金＋技术＋人才"的互促循环

在资金方面，要拓宽资金来源渠道，创新融资方式，推进政农企资金相结合的投资模式，扩大资金来源的同时降低投资风险；在技术方面，积极引入产业新技术、新业态和新模式，增加技术类相关培训机会，不断提升村民在专业技术方面的能力；在人才方面，尤其要提高重视程度，通过引进专业人才、提高人才待遇、鼓励大学生回乡创业等方式，充实人才储备，同时还要大力培育新型职业农民，加强农村专业人才队伍建设，造就更多乡土人才。与此同时，要有效融合资金效应、技术支撑和人才红利，形成三者互促互进的良性循环。

参考文献

1. 廖雨宏：《刘泽见的"香猪致富经"》，铜仁新闻网，2018年3月29日。

2. 陈亮：《张吉刚深入黄道乡马黄村调研脱贫攻坚工作时强调：因地制宜 做强产业 坚决打赢脱贫攻坚战》，万山网，2017年10月31日。

3. 莫利群：《黄道乡：第一书记扶贫有"秘笈"——记黄道乡马黄村第一书记姚元志》，万山组织网，2017年3月16日。

蜿蜒的小路尽头，是绿树环抱的农家小院。红砖青瓦的屋舍上，冒出缕缕炊烟。屋舍俨然，鸡犬相闻，这里便是有着良田美池桑竹之属的桃花源。

一座座房，一户户窗，牵引着归家游子，是谁，舞动了金秋，让大地芬芳，让房檐挂满飘香。

田野人家牵着黄牛漫步。牛儿脖上的铃铛叮铃作响，远处传来几声鸡鸣，奏出世上独一无二的交响曲。

传承保护鼟锣文化
规划发展精品旅游

——长坳村调研报告

2018年10月22~23日，铜仁市万山区转型可持续发展大调研十二组成员谢思琪、刘珮琪赴黄道侗族乡（以下简称"黄道乡"）长坳村展开了为期2天的调研工作。调研期间，调研组在长坳村村民委员会会议室与黄道乡人大副主席肖小敏、长坳村党支部书记杨建华、村委会主任肖宗和、监委会主任刘金模等主要领导干部开展座谈；并对长坳村第一书记张朝勇，铜仁市万山区特色产业化食品有限公司负责人刘银香，长坳小学退休校长蒲祖松，村委会主任、鼟锣艺术传承人肖宗和进行了深度访谈，全面了解了长坳村特色优势、乡村建设、扶贫政策等基本情况；还实地走访了刘小平（女，61岁）、肖运梅（男，63岁）、肖治培（男，77岁）、刘和平（男，47岁）、杨建和（男，61岁）、肖治安（男，80岁）、蒲祖柱（男，54岁）、刘菊花（女，60岁）、肖春华（女，33岁）、罗春华（女，36岁）等村民。通过调研，形成调研报告如下。

一、基本概况及历史沿革

长坳村位于铜仁市万山区黄道乡北部，东邻马黄村，南靠丹阳村，西邻锁溪村，北靠下溪乡桂花村，距乡政府驻地4公里，距万山区行政中心约46公里。全村面积共8平方公里，耕地面积528亩，属喀斯特地貌，海拔为500~600米，全年无霜期280天，年平均降水量140毫米。长坳村境内拥有一个自然村寨，整体环境优美、山清水秀。全村地势四面高、中间低，森林郁郁葱葱、覆盖面积占70%，是炎炎夏日避暑的好地方。长坳辖排坡组、中塘边组、下塘边组、田坝组、对门园组、对门坡组、茄子冲组、下黄茶八组、下黄茶九组等9个村民组，总人口195户、905人，其中现有党员28名，外出务工人员256名，60岁以上老人67名，主要民族为侗族和汉族，侗族人口占总人口的85%左右，主要有肖姓、蒲姓、吴姓、杨姓、罗姓人家。长坳村属二类贫困村，2014年建档立卡贫困户为78户、284人，2014年脱贫7户、33人，2015年脱贫16户、65人，2016脱贫27户、96人，2017年脱贫26户、82人，截至2017年底贫困发生率为0.88%，全村贫困人口人均收入由2014年的2033元提高到了2017年的7658元。

长坳村现有党支部书记1名，党支部委员2名；村委会主任1名，村委会委员2名；派驻第一书记1名。村支书杨建华、村委会主任肖宗和、村监委会主任刘金模均为2016年选举任职。万山区直属机关工委党教办主任张朝勇于2017年12月下派到长坳村任第一书记，黄道乡社会服务中心办公室负责人李阳希、黄道乡扶贫办负责人杨顺金于2016年开始到长坳村驻村，为长坳村建设注入新鲜"血液"，在农村工作的开展中提供新思想、拓展新思路。

2018年10月20日，连玉明院长在长坳村了解体验錾锣文化。

长坳村因从丹阳村新屋场寨子经长弯口翻坳，山高冲长约三里，故而古称长冲坳，今作长坳村。1966年2月22日，中共中央、国务院批准设立万山特区时，长坳村属万山特区管辖。1970年8月8日，国务院批准恢复万山特区，设立长坳公社。1984年12月，贵州省政府批准万山特区成立民族乡，黄道侗族乡就此成立，长坳村属黄道侗族乡管辖。2005年11月至2011年，长坳村与马黄村、锁溪村合并为长兴村。2011年底，长坳村从原长兴村分离出来之后单独成立长坳村，并发展延续至今。

二、基础条件和特色优势

（一）基础设施逐步完善，村居环境明显改善

长坳村基础条件在全黄道乡属于中等水平，交通较为便利。近年

来，通过黄深公路"窄改宽"工程、长坳至下溪柏木坪公路硬化、长坳中塘边至贵竹坪油茶基地公路建设、长坳至马黄通组公路建设等一系列项目的实施，长坳村交通条件得到进一步改善，全村实现了"组组通"硬化公路，村民生产出行更加便利。同时，长坳村依托项目美化家园的契机，认真组织实施"五改一维一化""立面改造""危房改造""一事一议""乡村文化馆""美丽乡村示范带"等系列项目，切实改善村内人居环境。在饮水方面，截至2017年，长坳村实施安全饮水工程6处，新建30立方米蓄水池3个、10立方米蓄水池1个，维修20立方米蓄水池1个，新建3立方米水源取水池1个、2立方米水源取水池4个，涉及中塘边、下塘边、田坝、对门坡、对门园、茄子冲6个村民组，基本解决了村民饮水的问题。实施危房改造89户，安装完成广电云"户户用"194户。基本实现了"户户拧开水龙头有水，打开电视机能观看网络卫星电视"的目标，形成室内洁、庭院美、道路净、环境优的美好村居环境。2017年，长坳村共实施"五改一维一化"194户，其中改厕172户，改水192户，改厨187户，改圈153户，室内房前屋后硬化145户，房屋维修32户，让长坳村村民走上了水泥路、喝上了自来水、住上了安全房。

（二）民间奇人异士辈出，鼟锣传承源远流长

长坳村民族文化内涵丰富，历史文化积淀厚重，不仅是黄道鼟锣文化的发源地之一，也是远近闻名的歌舞戏曲之村，民间奇人异士众多，著有极具侗族文化色彩的歌曲《三个斑鸠》、傩舞《秦童八郎》等多个民间文化艺术代表作品。

同时，长坳村也是黄道乡鼟锣传承的"村级"基地。虽然万山下

辖的四个侗族乡皆有鼟锣习俗，但鼟锣文化在黄道乡保留得最为完整，每逢农历腊月的小年一过，整个正月黄道的山岭都会响起此起彼伏的鼟锣之声，场面颇为壮观。进入21世纪后，鼟锣艺术的流传范围日渐狭窄，传承艺人日趋减少，黄道乡鼟锣艺术仅在长坳、田坪等几个村内流传。如今，鼟锣表演者大部分集中于长坳村，在1980年成立的黄道鼟锣艺术团中，也属长坳村人数最多。此外，长坳村村民还将鼟锣元素融入了现代舞台剧，并在当地巡回演出，引起了广泛关注。随着历史的演变，长坳村已逐步发展成为黄道乡传承和发展鼟锣文化的主要阵地，自觉地承担起厚植鼟锣文化的使命。

三、实践探索与经验模式

（一）产业发展：统一规划，明确定位

2016年，《铜仁市万山区人民政府工作报告》明确提出要在高楼坪、黄道、敖寨、下溪四乡大力发展以蜜枣、油茶、食用菌、山地刺葡萄、香柚等产业为主的农旅产业观光带。黄道乡抢抓"两转一保"发展机遇，出台《黄道侗族乡"十三五"规划基本思路》，明确将长坳傩戏、鼟锣列入黄道特色旅游资源行列，提出要对长坳旅游资源进行整合、包装和引资开发，进而带动黄道旅游发展。为此，长坳村改变以往"信马由缰"的发展模式，立足自身优势，按照"科学规划，因地制宜"的原则率先制定完成《长坳村产业发展总体规划》。规划明确全力实施"支部带领帮厘清思路，能人带头帮发展产业，入股分红带动帮增收致富"的"三带三帮"政策，加快推动长坳村农旅深度融合发展。同时，规划强调要在基础产业稳定发展的基础上，进一步挖掘长坳村独有的

矍锣文化、傩文化、民族小调等历史遗产，借助"四在农家·美丽乡村"的建设契机，结合本村香柚、薯片、油茶等特色农产品，培育和催生一片融合农业观光旅游、农产品生产、民族文化传承、田园风光观赏、农耕体验等多种业态和功能的乡村旅游基地，积极融入黄道乡农旅产业观光带建设，促进农旅融合发展。

(二) 村集体经济："三步走"策略，筑牢根基

壮大村集体经济是助力脱贫攻坚的重要抓手。为推进农业产业化发展，长坳村制订了产业发展"三步走"计划，全面巩固村内现有香柚、红薯、蔬菜等产业根基。第一步是着力发展以香柚为主的特殊优势产业，唤醒和培育发展新动能。长坳村充分利用目前贵州香柚香生

2018年10月20日，连玉明院长在长坳村刘姐薯片加工厂参观薯片制作过程。

态农业有限公司黄道最大香柚苗基地的先发优势，大力推进土地流转工作，扩大香柚苗种植规模，计划将现有的680亩基地扩展至900亩，实现"万山最好香柚在黄道，黄道最好香柚在长坳"的发展目标。第二步是打好"刘姐薯片"特色牌，树立黄道最亮的农业名片。在长坳村的支持下，刘姐薯片现已建成500余亩的红薯种植基地、占地3000余平方米的标准厂房，形成了薯片、薯条、薯粉等系列产品，并成功入驻铜仁周边各大超市。接下来，长坳村将继续带动扶贫资金入股刘姐薯片厂，帮助呼吁解决刘姐薯片厂电力问题，扶持扩大厂房规模。第三步是建设产业园区（带），集群化发展村集体经济。通过政府主导、全民参与、"支部＋"的运作的方式，在田坝组河道一侧建立面积为7000平方米的蔬菜大棚4座，发展以大蒜、丝瓜、西红柿、芹菜等为主的"短平快"特色种植业园区。同时，在蔬菜种植的辐射下，继续在下黄茶、中塘边、茄子冲等组发展葡萄200亩、油茶250亩，带动全村农户增收致富。

（三）传统文化：注重传承，强化宣传

黄道乡作为鼟锣文化的主要传承地，1994年被贵州省文化厅授予"鼟锣艺术之乡"，2008年又被文化部命名为"中国民间文化艺术之乡"。虽然这些年黄道鼟锣艺术又有了新的发展，但是鼟锣作为全民娱乐方式的时代早已成为过去，尤其是进入21世纪后，鼟锣艺术流传的范围日趋狭窄，懂得鼟锣的民间艺人也逐渐减少。现在，黄道乡鼟锣艺术仅在长坳、田坪等几个村流传。长坳村作为黄道鼟锣的主要传承阵地，民族文化源远流长、历史文化积淀厚重，在这片土地上孕育了鼟锣文化、傩文化、傩堂戏、民族小调等众多民间艺术。而长坳村村委会主

任肖宗和作为新一代鼟锣文化传承人，自1987年起便开始致力于长坳鼟锣文化的传承与保护。2004年，长坳村组织发起鼟锣文化艺术团；2005年为了扩大影响力，长坳村主动将该艺术团拓展延伸至乡一级层面，积极吸纳黄道各村的鼟锣爱好者。现在，鼟锣艺术团已发展成为拥有常驻表演人员85人的大队伍，其中年轻人有10名左右，所占比例超过11％。为提高长坳鼟锣艺术团班子建设水平，增强鼟锣对年轻人的吸引力及影响力，村主任肖宗和出面牵头向万山区广电局申请经费，在长坳村举办了两期培训班，除了推广鼟锣、傩戏等民族文化，还组织村民学习传统侗歌。此外，长坳村鼟锣艺术团还经常代表黄道乡参与对外演出，包括铜仁世界旅游大会、CCTV—7端午特别节目·美丽乡村快乐行之走进贵州朱砂古镇等，在传承保护鼟锣文化，积极扩大黄道鼟锣对外影响力方面做出了突出贡献。

四、存在问题及原因分析

（一）基础设施配套待完善，产业规模难扩张

长坳村依托香柚种植基地以及刘姐薯片，在产业发展方面取得了不俗的成绩，但由于基础设施配套跟不上，产业发展也受到了一定限制。例如香柚香公司长坳基地的产业路亟待修缮。据长坳村第一书记张朝勇所述："我们还有几公里的河堤没有修好，要把河堤建好，还要把我们的路再修宽一点。因为我们这个路是才提级改造的，我想修的是我们的产业路，如果我要去下黄茶那边栽柚子，肯定还要修一条产业路上去，如果我把那条路修上去了，那个地方就盘活了。"修好产业路，盘活当地经济，是长坳村下一步扩大香柚种植规模的关键所在。

2018年10月22日，调研十二组与长坳村村"三委"召开座谈会。

此外，刘姐薯片创始人刘银香也表示，虽然薯片厂已经达到年销售总产值80万元、年纯利润3万~40万元的规模，但是因为长期受到农村电压低、电力不足的制约，刘姐薯片厂一直很难提高产品生产效率。刘姐还表示："购买一台变压器就需要花费几十万元。我自己想申请一台变压器，但现在没有钱。"因为基础配套电力设施的缺失，刘姐薯片厂从产量、效率到供货量各方面都受到制约，错失了诸多扩张产业规模的良机。

（二）管理水平待提升，产品名气难扩大

由于人才匮乏、管理机制不完善、管理水平不高等，长坳村部分产业在发展过程中，始终面临难以扩大规模的困难，农产品品牌化建设更是遥不可及。调研组在调研中发现，刘姐薯片厂就存在管理现代

化水平较低，管理者缺少营销意识，产品名气难以进一步扩大的问题。薯片生产出来之后，仅用简单的塑料薄膜装袋储存，多采用代理商大规模采购的方式对外销售，而产品本身的包装设计均交由代理商自主完成。加之刘姐薯片没有自主运营的官方淘宝店、微店，薯片经代理商分销后，多售往超市等线下实体商店，线上很难找到刘姐薯片的正规购买渠道。刘银香说："现在我们跟不上时代了，信息各方面都很不灵通，网上这些方面都不会。我们老年人，现在骑车、交通都不方便，都需要有个人开车。我们想去学，但没有精力，也不一定学得会。"不懂互联网、不懂营销、不懂现代化经营管理，已经成为刘姐薯片走出铜仁、提高产品知名度路上最大的阻碍。即使在当地小有名气，但是如果没有实现与现代化运营接轨、面向更广阔的市场销售，刘姐薯片仍将面临"走出铜仁无人识"的尴尬局面。

（三）文旅融合发展意识欠缺，乡村旅游难发展

为做好保护、挖掘、提炼鼟锣文化的工作，黄道乡曾投资260万元修建了黄道鼟锣文化广场和文化展示场所；投资160万元维修了刘家祠堂，建成了鼟锣文化展示厅，为群众编排鼟锣节目提供了硬件平台。但是针对文旅融合方面的建设资金却仍存在很大空缺。村主任肖宗和说："我们想把文化包装起来，在长坳村表演，让游客来看。但是很多人都说我天方夜谭，因为这个需要投入许多资金。"因为多年以来缺乏重视、缺少专项资金支持，长坳村的鼟锣文化表演及宣传活动基本依靠当地村民自发组织，日常训练不规律、演出人员常变动、演出场地不固定等问题十分突出。此外，复合型经营管理人才匮乏，鼟锣文化传承过程中缺少清晰的定位与规划，导致鼟锣文化的发展长

期处于停滞不前的状态，长坳村的文旅融合发展规划也一直停留于"书面"阶段。

五、对策与建议

（一）筑路改电，完善产业发展配套设施

农村基础设施是保证农村地区社会经济活动正常进行的公共服务系统，及时弥补产业配套设施短板，完善相应基础设施建设才能不断拓宽农民增收致富的路子。促进长坳村产业发展，一是要修好产业路，打通长坳产品走出大山的"最后一公里"。建议由长坳村村"三委"牵头组织全体村民，召开产业路修建的村内讨论会。讨论会应明确产业路修建起点、终点、长度、宽度等细节问题，采取干部提议、村民投票的原则，共同拟定《长坳村产业路修建规划》，上报黄道乡镇府、万山区政府，申请专项资金助推产业路修建。该《规划》既要满足后续农产品运输、销售等基本需求，还应综合考虑未来长坳村农旅融合发展的需求，预留出必要的旅游设施建设用地，实现"修好现实中的路，为长坳发展找到理想出路"的长远目的。二是升级农村电网，促进产业规模化发展。针对长坳村电压低、电力不足的问题，应由黄道乡出面上报万山供电局，由区牵头组织电力专业工作人员到长坳村进行实地勘测设计，并将长坳村电网升级列入下一批万山区农网改造升级工程项目之一。此外，由黄道乡政府牵头，针对长坳村目前因供电不足、电压低而严重影响生产的情况形成书面报告，向上级单位反映。申请一定资金，根据实际生产需求增配变压器，缓解长坳村产业扩大生产与电力配套设施不完善的矛盾。

（二）内补外援，补齐农村产品营销短板

　　缓解当前长坳村农产品名气不足的问题，应从内、外两方面着手，通过自主发展农村电商的方式，提升产品知名度。一是内部补课，增强农民企业家营销意识。依托万山电商城的先进平台，邀请万山当地懂电商、懂农业、有实战经验的专家定期到长坳村进行电商基本知识培训。通过现场讲解、当场操作的方式，激发长坳村各产业负责人运用农村电商的积极性；通过案例分析、实地考察的方式，为长坳村的农民企业家注入新的市场意识和经营理念。二是外部增援，组建专业营销团队挖掘农产品文化内涵。在讲求差异化营销的今天，挖掘农产品的文化内涵，赋予其文化附加值是提高产品知名度的一条重要途径。通过政府主导、村内引导、企业参与的运作方式，由专业营销人员与

2018年10月23日，调研十二组实地考察贵州省铜仁市万山区特色产业化食品有限公司，与负责人刘银香进行交流。

长坳村本地人才联合组建营销宣传队伍，共同挖掘长坳现有农产品更深层次的文化内涵。结合长坳矍锣文化、傩文化等当地特色，对包括商标设计、包装装饰、广告宣传在内的所有内容进行整体开发，助推长坳村农产品走出大山，扩大知名度。

（三）整合资源，打造长坳精品旅游线路

保护矍锣文化，实现农旅融合发展需要由上而下进行全面改革。一是完善文化帮扶政策，畅通传承发展渠道。在万山区成立专门的文化传承引导办公室，加强矍锣文化、傩文化等民族文化的交流和传承，对组建民族文化艺术团、举办文化培训班等情况给予政策倾斜。同时，积极帮助包括长坳村及其他拥有文旅融合发展资源的传统村

2018年10月23日，调研十二组访谈万山区黄道侗族乡长坳小学退休校长蒲祖松。

落，对接朱砂古镇、梵净山等知名旅游景点，搭建民族文化展示平台，通过长期驻地表演的方式拓宽各村居民增收渠道，实现保护传统文化由"政策帮扶"到"自主发展"的转变，促进可持续发展。此外，还要注重人才培养，发掘一批传承和发扬本土文化的优秀艺术家，将鼟锣文化通过影视作品、民俗歌曲等形式表现出来，吸纳更多年轻人加入传承队伍，让外界人士了解鼟锣、爱上鼟锣。二是重估长坳文化资源价值，规划精品旅游线路图。由长坳村村"三委"牵头组织，对村内现有的鼟锣文化、傩文化等民族历史文化资源进行全面重估。坚持依托当地香柚、红薯、油茶等农业资源开发旅游卖点，借助旅游手段提升农产品价值，做到农为旅产、以旅促农，实现农旅共荣。同时，根据不同年龄段目标游客群体的消费需求与特点，有针对性地开发寓教于乐的科技农业、宜静宜动的休闲农业、健身悟道的养生农业等旅游业态，充分挖掘长坳村丰富的知识点、智慧点、哲学点，规划好长坳精品旅游路线图，真正实现将"绿水青山变成金山银山"的美好梦想。

参考文献

1. 臧一哲：《农村基础设施投资组合模式研究》，中国海洋大学博士学位论文，2014。

2. 李慧建：《丽水市农旅融合促进全域旅游的发展策略研究》，浙江海洋大学硕士学位论文，2018。

3. 黄道侗族乡人民政府：《黄道乡人饮安全（维修、新建）工程项目实施台账》，2018。

4. 黄道侗族乡人民政府：《铜仁市万山区黄道乡刘姐薯片厂建设项目带动贫困农户协议书》，2017。

5. 吴朝勇：《万山长坳村四举措推动产业脱贫》，2017。

6. 张朝勇：《2018年驻村第一书记工作总结》，2018。

眉毛胡子虽已花白，脸膛仍透着红光。身穿青色布衣的老人，神采奕奕地漫步前院。或许劳动与快乐，就是他们长寿的秘诀。

田野中辛勤耕作的农人，面带快乐的微笑，他们是乡间最美的记号。手中染上的泥，是吃苦耐劳的标志；脚下沾上的土，是不畏艰辛的象征。

顺着弯曲的小路，寻着远去的记忆。小径旁，棵棵小草从土地中探出头来，东张张，西望望，好似在对这美丽的景色仔细欣赏。

探索全民参与治理新模式
构建现代乡村治理新格局
——锁溪村调研报告

2018年10月22~23日，铜仁市万山区转型可持续发展大调研第十一组成员陶巍、何露赴万山区黄道侗族乡锁溪村开展为期2天的调研工作。调研期间，调研组通过召开座谈会对村基本情况、历史沿革、基础设施建设、产业发展、村集体经济、乡村治理、脱贫攻坚以及发展过程中存在的问题和工作难点进行了解，黄道乡纪委书记、锁溪村包村干部罗雄、锁溪村第一书记彭慧娟、村委会支书刘海莲、村委会主任吴建华、黄道乡政府文化站工作人员张宁、黄道乡政府扶贫站工作人员段洪玲、黄道乡政府安监站工作人员杜进波、村委会委员彭钟第和彭钟堂及肖德锡参会。分别访谈了驻村第一书记彭慧娟，致富带头人罗世峰，脱贫户代表罗世同、张仁学、尹中香、彭钟新，老教师彭钟燮等人，实地走访生猪养殖基地、油茶种植基地、锁溪金鸡头、跑山猪养殖基地，形成《万山区黄道乡锁溪村调查表》1份、录音7份。现将调研情况整理，形成调研报告如下。

一、基本概况及历史沿革

（一）基本概况

锁溪村位于黄道乡南部，北接下溪乡，西连万山镇，东接龙江村，南邻丹阳与龙江，交通便捷，万湖（万山至湖南）公路穿境而过，东距大龙火车站6公里，北距铜仁机场76公里，距黄道侗族乡人民政府所在地12公里。海拔为530米，森林覆盖面积率为54%，面积为13.98平方公里，全村山多地少，人均耕地面积不足0.5亩。辖14个村民组，共517户、2261人，居住的主要民族为侗族、汉族，自然村（寨）8个。锁溪村曾是二类贫困村，于2017年退出贫困村，现有贫困户14户、49人，2017年贫困发生率为2.4%。现有党员40名，60岁以上老人有380人，90岁以上的老人有3人，无劳动能力、无收入来源、无子女赡养的老人15人，五保户15户、18人。

（二）基层组织情况

锁溪村驻村第一书记为万山区不动产登记中心主任彭慧娟，于2016年3月任职至今。现有驻村工作队11人，其中黄道乡党委委员、纪委书记罗雄任组长，万山区统战部副部长、台办主任彭钟美任常务副组长，驻村第一书记彭慧娟、锁溪村党支部书记刘海莲、锁溪村主任吴建华任副组长，组员包括万山区公安局工作人员冉景伟、万山区检察院工作人员田永鑫、万山区就业局工作人员刘廷学、万山区安监局工作人员陈宜磊，黄道乡工作人员段洪玲、杜进波、向情文、杨俊超。设村党支部一个，其中刘海莲任村支部书记，共计2人；村委会一个，吴建华任村委会主任，共计2人；村监督委员会一个，姚本仕任村监督委主任，共计3人。

(三) 乡村特色

锁溪素有"上呈金鸡守龙头，下现蓝蛇锁溪口"之说，相传，在很久以前，锁溪村古木参天、人迹罕至，直到道教盛传年间，一位炼丹的仙人来到山中采药，顺溪而下，看到沿途都是沟壁清水，森然蔽天，时常有奇花异草惊现。因此，僧人便继续前行，行至一处山头，便见三道山坡如同两只金鸡昂头展翅，蓄势待发，金鸡头交错形成一个天然的八卦图形，导致溪水七弯八拐不能直流，在下游又有一座似南蛇的山坡将水锁住，故而得名锁溪，沿用至今。

二、基础条件和特色优势

(一) 优化基础设施，民生福祉持续增加

锁溪村按照"依据流量，确定标准，因地制宜，适度超前"的原则，要求路基稳定、排水畅通，路线选择上以现有道路为主，充分利用老路改扩建，避免了大改大调、大填大挖，基本没有新增用地。对村的路型、路线走向和技术标准进行了合理分类和规划设计。2014年以来，新建公路6条，由原来通组泥土路3.8公里发展到现在全村硬化道路29公里。村主干道、连组路、连户路均已硬化，产业道路根据产业需求已完成4.8公里。在脱贫攻坚期，村民间流传了"争当贫困户、不如把路通，当了贫困户、更要把路通"等说法，这些话语都淋漓尽致地表达了村民对农村公路发展政策的支持、拥护和感激之情。民心工程、德政工程、惠民工程等称号已经成为农村公路的代名词。[1]同时，

---

[1] 陈胜利：《对农村公路建设的思考》，《青海交通科技》2005年第5期。

2018年10月20日，连玉明院长在农田里与锁溪村村民肖德凯的母亲交流。

锁溪村实施"五改一化一维"项目488户，农村危房改造152户，通过一家一户进行规范设计，科学规划、因地制宜，将乡村建设与改善民生工作结合起来，"五改一化一维"项目的实施使村民家中的基础设施及人居环境得到了极大改善。广电云"户户用"方面，全村488户网络线路已经全部安装完成。积极开展全村14个村民组的饮水安全排查工作，完成了禾力冲、庙边、老屋场、中黄茶、细溪、井界等6个村民小组的饮水工程新建维修工作，保证了群众安全饮水。

（二）培育主导产业，实现农民增产增收

为切实改变锁溪村村集体经济薄弱现状，用活用好扶贫资金，寻找具有造血功能和长期效益的项目，驻村工作组与村支"两委"通过走组串户、座谈会、院坝会等方式，征询群众对村级发展的意见、建议。

再对村里的自然条件、气候、土壤、交通等优势进行综合分析，征求专业人士意见后，最终确定与温氏集团合作，投资298万元，成立顺风生猪代养有限公司，公司占地38亩，现已修建3个标准化养殖大棚，年出栏生猪4500头。2017年，该公司兑现了161户贫困群众12.88万元的产业分红，让村民们真正享受到产业发展带来的红利。

（三）书写民间文学，传承新时代乡村精神

新时代乡村精神是在继承和发扬民族文化的优良传统的基础上，摒弃传统文化中消极落后的因素，吸纳新时代的新思想、新理念，形成积极、健康、向上的社会风气和精神风貌。82岁的彭钟燮老人正是新时代乡村精神的传承者和传播者，他从1961年开始在锁溪小学当老师，同时兼任村医一职，擅长文学和书法，其撰写的万山区民间故事、民间歌谣被相关书籍收录。在提及锁溪村的变化时，彭钟燮老人念起了2018年7月1日写的一首《锁溪谣》，他说道："四十周年改革路，一步一曲一华章；叠叠大山变通途，村道纵横织蛛网；轿车开进庭院里，清泉引到锅灶旁；河堤水坝修筑好，远离昔年三两荒；茅棚草舍成旧照，处处高楼建靓房；生病不愁无钱治，合作医疗好主张；小孩上学不交费，中餐免费喷喷香……"除《锁溪谣》以外，他还编写了《百善孝为先》《礼貌称谓用语歌》《迎亲女方拦路歌谣》《闹新房歌谣》等朗朗上口的民俗歌谣，在村民间广为流传，推动了新时代乡村精神的传承与传播。彭钟燮老人对乡村精神的传承和传播是其故土乡愁的真实流露，是在乡村培育和践行社会主义核心价值观的生动实践。

（四）紧抓乡村治理，全面优化生活环境

近年来，锁溪村高度重视环境治理，进一步优化生活环境，切实提高群众生活水平和幸福指数。一是加大辖区内环境卫生整治工作力度，努力创造干净、整洁、和谐的宜居生活环境。充分发挥公益性岗位护林员的作用，对公益性岗位进行重新审核，对不能履行岗位职责的进行调整。明确护林员工作要求，组织村公益性岗位护林员每天清扫村级主干道、重点区域、重点地段、卫生死角。二是充分发挥党员干部的带头作用，积极组织党员干部开展以环境卫生大扫除为主题的主题党日活动，要求党员干部带头打扫自家周围环境卫生，工作走在前、干在前，脏活累活带头干，以身示范，积极争取群众的支持和参与。三是充分调动贫困户、低保户参与环境卫生整治的积极性。对贫困户开展参加全村环境卫生大扫除的扶志扶智教育活动，动员贫困户、低保户参加村环境整治公益活动。动员贫困户、低保户全面打扫自家环境卫生，让环境面貌成为脱贫成果的首要条件。此外，全村投入12万元，新建垃圾池14个，各组聘请2~3名保洁员对主干道进行卫生保洁。

三、创新实践和经验模式

（一）村集体经济发展新思路："三无一稳"生猪委托养殖模式

肉贱伤农，肉贵伤民，近几年猪肉价格频繁大起大落，跳不出"猪周期"怪圈。这意味着传统的养殖模式亟待转型，发展适度规模是养殖业的必由之路。但是，适度规模不是挤出效应，而是要在传统养殖模式上升级，实现养殖致富。因此，锁溪村成立了顺风养殖有限责任

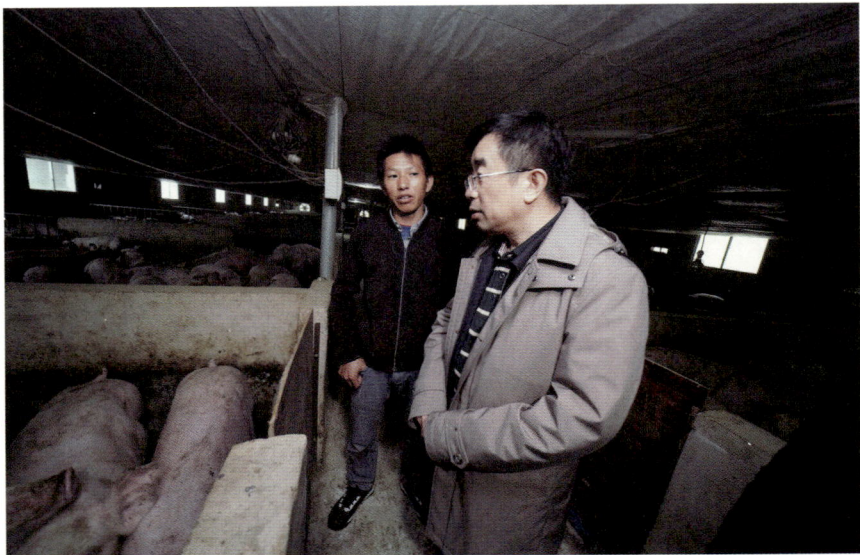

2018年10月20日，连玉明院长在锁溪村生猪养殖基地技术员的陪同下考察养殖场。

公司，通过"三无一稳"生猪委托养殖模式发展村集体经济，规避了市场风险，也带动了村民增收。

锁溪村"三无一稳"生猪委托养殖模式亮点在于，一是没有重大疫情的风险，"我们的猪苗都由温氏企业统一提供，公司是比较有实力的，给我们提供的猪苗都比较优质，所以在我们这里也不存在有重大疫情的风险。"生猪养殖场主要负责人罗世锋说道。二是不用大的资金投入，"这个生猪养殖场，我们只需要提供场地和修建猪舍这些基础设施，像其他的猪苗、饲料、药品和疫苗之类的都由温氏企业提供，所以我们的投入不大，要是全部都由我们来做的话，投入的资金太大了。"在实地考察生猪养殖场时，锁溪村包村干部罗雄这样说道。三是没有市场风险，生猪养殖场主要负责人罗世锋说："我们的猪在养之前都是和公司签好合同的，不管到时候外面市场上的猪卖多少钱，我们的猪都按照合同上的价格来收购，像这一批我们的猪签的价格都是7.2元，所以我一点都不担心价格，只管把猪喂好就行了。"这"三无"保障了养殖户的稳定利益，第一书记彭慧娟说："现在这种养猪模式投入也不是很大，但是收益见效快，去年（2017年）为161户贫困群众实现12.88万元的产业分红，接下来我们还准备扩大规模，带动村民增收。"

（二）新时代乡村治理新探索：全民参与式治理

随着城乡融合发展时代的到来，传统的乡村治理模式将无法适应，必须契合治理多元化和本土化的要求，进行以人民为中心的参与式、自主性治理，探索全民参与式治理模式，实现政府治理和社会调节、居民自治良性互动，构建现代乡村治理新格局。锁溪村通过狠抓领导班子建设，突出第一书记、村"三委"、驻村工作队领导班子的战斗堡垒和示范引领作用，撬动村民力量参与乡村治理当中，2017年锁溪村党支部被评为全乡优秀基层党组织。

全民参与式治理重点撬动群众参与。锁溪村驻村工作队通过院坝会、群众会宣讲扶贫政策，共召开30余场，1400余人次参与，收到群众意见和建议100余条，解决落实群众意见和建议90余条，发放政策汇编400余册，张贴脱贫攻坚政策明白卡、医疗健康扶贫政策摘要和"四卡合一"各300余张，悬挂宣传标语30余条，将政策普及到每个老百姓的心里，以此激发群众参与治理的活力。

全民参与式治理强调突出干群和谐。以改善人居环境为切入点，锁溪村领导班子深入村民家中，帮助村民打扫自家环境卫生，"有的村民不是懒惰，是他不知道东西该怎么摆放，卫生要怎么打扫，所以就通过干部带头到村民家里面，帮助他们打扫卫生，打扫完之后我们就给房子拍照，把他家打扫干净之后的样子拍出来，把照片洗出来之后，我们就给他一张贴在家里，那他以后就晓得怎么打扫了。打扫得很干净的那种房子照片我们会给村民都发一张，家家户户都按照照片上的标准来打扫卫生就好了，这么做之后，我们村家家户户的环境卫生都开始好起来了。"村支书刘海莲说道。

四、突出问题及原因分析

（一）学生流失问题严重，教学质量有待提升

目前，锁溪小学共有18名学生，其中幼儿园10人、一年级5人、二年级3人，有三名老师和一名保育员。"以前锁溪小学在整个黄道乡是很有名气的，学生特别多，一至六年级都有，而且其他村的小孩都过来读书。不像现在，只有一个幼教点，仅包括幼儿园、一年级和二年级，村里的学生越来越少，很多小孩都去区里面、市里面读书，学生流失问题严重。前段时间村支书给我说有老师反映二年级学生太少，建议把二年级取消掉，我对此是坚决反对的。现在需要把教学质量提升上来，让学生就近入学。"82岁的退休教师彭钟燮感叹道。很多家长为了优质的教育资源，甚至租房子陪小孩读书，这给家庭增加了不少负担。

（二）大量农田长期闲置，造成土地资源浪费

在调研过程中，调研组发现锁溪村出现了大量的农田闲置，这在一定程度上影响了农村社会经济的可持续发展。由于城市化推进和第

二、第三产业发展，大量农村劳动力流向城市和第二、第三产业。一些成员比较年轻的家庭基本上举家外出务工，农田无暇管理，任其荒草丛生。"其实这样的家庭，完全可以将农田流转给有需要的村民，不仅可以得到流转的费用，农田补贴还可以照拿。我们去给他们做过很多思想工作，劝他们把农田租给别人种，或者借给亲戚朋友种，这样农田就能够有效地利用起来。但是有些人不这么想，认为农田是自己的，就算闲置也不给别人种。同时，我们也想了一些解决办法，请专业公司进行种植，但公司说成本太高了，农田过于分散不便于管理。"村支书刘海莲在走家入户时看到了很多荒废的农田，感到非常惋惜。

2018年10月22日，调研十一组实地考察油茶种植基地。

（三）油茶产业不成规模，经济效益尚未凸显

锁溪村一直有种植油茶的历史，现种植油茶800余亩，油茶种植基地与丹阳村油茶种植基地邻近，且海拔较高，自然风光较好，尤其油茶花开季节，与丹阳油茶种植基地形成连片景观，是发展农旅一体化的绝佳之地，在实地考察油茶种植基地时，驻村工作队员段洪玲说："我们村这个山头正好是海拔最高的点，在山顶上都修建了观景台，那上面可以360度观赏到丹阳村和锁溪村的油茶基地，如果把我们村的油茶种植规模再扩大一点，把连片的山上都种上油茶，这里的风景就很美了。我们这里离万山也近，万山悬崖酒店和锁溪村就是隔'崖'相望，如果农旅融合发展的话，还是要占很大优势的。"但当前油茶种植基地以"公司＋农户"的模式进行管理，政府在统一规划、统一发展上存在一定难度，致使无法进一步扩大油茶种植规模，"规划是把锁溪的油茶种植面积在现有的基础上再增加1500余亩，然后和丹阳村的油茶种植基地一起打造'万亩油茶基地'，而且油茶的经济效益也高，一斤油茶籽油可以卖120块，但是现在我们村这个是私人在弄，我们在管理和规划上面还存在一些困难。"包村干部罗雄说道。

五、对策与建议

（一）充分利用新一代信息技术，提升乡村教育水平

解决城乡教育不均衡问题的关键是要加强乡村学校的师资力量和缩小城乡学生信息资源获取之间的差距。在乡村教育人才引进难度大的背景下，充分利用互联网、大数据、人工智能等先进技术，发展智慧教育，是提升乡村教育水平的重要路径。一是加强互联网、大数据、

2018年10月23日，调研十一组访谈锁溪村退休教师、村医彭钟燮。

人工智能等新一代信息技术基础设施在乡村的布局和建设。二是充分利用现有远程教育设备和互联网、大数据和人工智能等先进技术，大力发展智慧教育。三是积极对接铜仁、苏州和其他发达城市的教育资源，实现联网上课。四是加强乡村教师的信息技术培训，提升智慧教育相关智能设备的使用能力。五是在乡村小学开设信息技术课程，拓宽学生信息资源获取渠道。

（二）充分盘活存量资产，促进闲置农田有效利用

一是打造体验式家庭生态农场。充分利用闲置农田，根据农业生产开发一些民俗活动、农业劳作活动，提供诸如农作物种植、田园织耕、养蜂酿蜜、蔬果采摘等参与体验服务。游客通过体验农事活动，满足对农事的好奇心。农场为游客提供住宿和餐饮服务，让游客充分

融入农家，吃住都在农家。二是以农业社会化服务减少耕地闲置。大力培育各类农民专业合作社，在充分宣传和正面引导的基础上，按照依法、志愿、有偿的原则，通过为农户代耕、代种、代管、代收和代售等服务，努力扩大农作物播种面积，减少耕地闲置面积。三是优化农业用地结构。为了提高土地利用综合效益，应按照区域特征，以市场为导向，依靠科技，把资源优势和市场需求结合起来，发展特色农业，精选高附加值的产品，形成具有区域特征的农产品生产基地，促进农业产业化。

（三）充分挖掘乡村特色，推动农旅、文旅融合发展

农旅、文旅融合是促进乡村发展与乡村振兴的关键所在。锁溪村应把农业、旅游、文化融合起来，推动农旅融合、文旅融合，增强农村发展内生动力，推动农村自我提升、自我发展。一是加强规划引导，强调绿色引领。在农旅、文旅融合发展过程中，要结合当地特点，突出产业特色，优化功能布局，配套游客中心、标识系统、骑行绿道等设施，满足各项旅游要求。加强农业生态保护，实施农业生物多样性保护工程，开展生态环境监测，推进美丽乡村和农村生态文明建设工程。二是注重传统村落的保护。传统村落是乡愁最直接的载体，因此，在下一步的发展中要注重保护农村原生态的风貌，留住老建筑、留住原住民。三是大力挖掘传统村落历史文化内涵和价值。历史文化是传统村落的灵魂，锁溪村村名的由来不仅有故事，更有现实的山体形态加以佐证，除此之外，还流传着很多民间故事。因此，下一步要加大挖掘力度，重塑传统村落的文化价值，让历史遗存与当代生活共融，让村落景观与人文内涵共生，重新焕发传统村落的生机与活力。

参考文献

1. 铜仁市万山区转型可持续发展大调研组：《连玉明院长调研黄道四村》，2018年10月20日。

2. 铜仁市万山区转型可持续发展大调研组：《万山区黄道乡锁溪村实地调研简报》，2018年10月26日。

3. 钟林：《能人回乡，怎么"看"与怎么"干"》。

4. 中共贵州省委办公厅、贵州省人民政府办公厅：《整体改善农村人居环境全面加快"四在农家·美丽乡村"建设的实施意见》，2018年10月26日。

5. 王小婷：《乡风文明助推乡村旅游升级，余庆是这么做的！》，《当代贵州》2018年第2期。

6. 彭慧娟：《锁溪村2017—2018年驻村工作总结》。

7. 锁溪村党支部、锁溪村村民委员会：锁溪村基本情况。

8. 陈胜利：《对农村公路建设的思考》，《青海交通科技》2005年第5期。

窗影小剪，是故乡的山，故乡的树。檐草招展，是归家的呼唤，是迎春的期盼。

少年，倚着栏杆，看天上的云，看庭前的花；
中年，身在远方，想家中的儿，念家中的妻；
老年，拄着拐杖，听小猫呢喃，忆种种过往。

阡陌交通，铺向远方，是乡音袅袅的召唤；

草木葱茏，欣欣向阳，是生机勃勃的赞礼；

琳琅浆果，挂满枝头，是汗水淙淙的慰藉。

以短养长促产业发展
从无到有优乡村治理

——黄溪村调研报告

2018年10月17~19日，铜仁市万山区转型可持续发展调研第十二组成员何丹、王怡赴黄道侗族乡（以下简称"黄道乡"）黄溪村开展为期3天的调研工作。为全面了解黄溪村基本概况、产业发展、特色亮点和存在的问题，调研小组与黄道乡党委委员、组织宣传统战委员、黄溪村包村干部吴志福，黄道乡政府驻村工作人员杨胜明，黄溪村支部书记罗世银、村主任罗仁先、村支部副书记肖冬香、村民代表罗仁维等相关人员召开座谈会，实地考察了花椒种植基地、跑山鸡养殖基地和生猪养殖基地。同时，调研小组对黄溪村第一书记何昌林、包村干部吴志福、脱贫代表罗泽铭、致富带头人姚茂小、村医张菊莲进行了深度访谈，并走访了刘金玉（女，44岁）、盛作银（女，39岁）、杨玉环（女，71岁）、肖冬香（女，49岁）、吴翠莲（女，73岁）、张菊莲（女，42岁）、毛小艳（女，34岁）、罗洪友（男，62岁）、罗仁东（男，64岁）、杨连秀（女，76岁）、张应良（男，71岁）、谢洪玉（女，71岁）等村民，完成12份问卷调查。通过调研，形成调研报告如下。

一、基本概况及历史沿革

黄溪村位于贵州省铜仁市万山区黄道乡南部，东邻湖南马路坡，北靠丹阳村，南靠大榜村，距乡政府驻地1.8公里，距万山区城区约46公里。全村面积6.7平方公里，耕地面积529亩，其中田地430亩，人均耕地面积0.5亩。全村海拔约500米，属喀斯特地貌，土地以黄沙土为主，气候十分温和，年平均气温22摄氏度，无霜期280天，年平均降水量120毫米。村境辖蓬溪一组、蓬溪二组、燕子冲三组、燕子冲四组、黄瓜冲五组、黄瓜冲六组、鸡婆田组、禾力坳组8个村民组。黄溪是一个多民族聚居地，主要民族为侗族、苗族、汉族，其中侗族占总人口的80%，主要有罗姓、吴姓、肖姓、田姓和柳姓人家。黄溪村共有247户、985人，其中党员16名，村干部8名，属一类贫困村，建档立卡贫困人口75户、292人，2014年脱贫6户、28人，2015年脱贫10户、52人，2016年脱贫45户、180人，2017年脱贫13户、31人（见表1），未脱贫1户、3人。全村2017年底贫困发生率为0.3%。

表1 黄溪村脱贫情况

年份	脱贫户数（户）	脱贫人数（人）
2014	6	28
2015	10	52
2016	45	180
2017	13	31

资料来源：《黄溪村脱贫攻坚工作总结》。

相传旧时有两户人家，一户靠坡而坐，坡势狭长，像黄瓜一样，取名为黄瓜冲；一户傍溪水而建，取名蓬溪。随着时间的推移和乡村的发展，两地合为一个村取名为黄溪村，一直沿用至今。公元277年，黄溪被纳入秦黔中郡，汉高祖时期属武陵郡无阳县。蜀、汉、晋、宋时，黄溪属麻阳戌夜郎。公元628年，黄溪划属古丹阳县。公元1372年，因刘贵公平定苗人，黄溪的大部分苗人被赶迁至现松桃县，留下部分罗姓、吴姓人家居住在黄溪。公元1913年，设置省溪县，是时黄溪并入黄道司，拨入省溪县管辖。1949年11月16日，玉屏乡人民政府接管黄道乡政权，黄溪属玉屏县民间第六区。1953年5月，万山建立瓦寨乡，黄溪属瓦寨乡管辖。1958年12月29日，经国务院批复撤销玉屏、江口两县，并入铜仁县，黄溪属黄道管辖区。1961年8月18日，国务院批复恢复江口、玉屏，黄溪属黄道公社。1966年2月22日，经中共中央、国务院批准设立万山特区，黄溪属万山特区管辖。1984年12月，贵州省政府批准万山特区成立民族乡，黄溪属黄道侗族乡管辖。2005年11月，实施"小村并大村"政策，黄溪属丹阳村管辖。2011年，黄溪从丹阳村分离出来，正式成为独立的行政村。黄溪村基层组织结构如表2所示。

表2 黄溪村基层组织结构

姓名	职务	年龄（岁）	学历
罗世银	村支部书记	56	初中
罗仁先	村委会主任	53	初中
肖冬香	村支部副书记	50	初中
罗洪银	村支部委员	39	初中
杨葵花	村委会委员	47	初中

二、基础条件与特色优势

（一）路、网、水全面贯通，乡村面貌有改善

道路交通方面实现"组组通"。2016年，在国家脱贫攻坚政策的支持下，黄溪村硬化了丹阳—黄溪蓬溪组—黄溪村黄瓜冲组—大榜村村级公路。2017年，黄溪村所有村民组实现了水泥路的全覆盖，共硬化水泥路12公里，直达家家户户，形成了"一纵三横"的道路网络格局：一纵即蓬溪组—黄瓜冲组，三横即蓬溪组—燕子冲组、黄泥田①—禾力坳组、黄瓜冲组—鸡婆田组—力坳村。用水方面实现"人人饮"。2011年，万山区税务局对黄溪村黄瓜冲山塘进行加固，建成了50000立方米储蓄量的黄瓜冲撮鸡湾山塘。②同时，在黄溪村黄瓜冲组、鸡婆田组、燕子冲组、禾力坳组实施人饮工程，建成了30立方米蓄水池1个、20立方米蓄水池1个、10立方米蓄水池1个、20立方米泵房2个、2立方米水源取水池3个，黄溪村村民饮水情况得到进一步改善。

网络通信方面实现"户户用"。黄溪村大力推进多彩贵州广电云网络通信基础设施建设，实现全村4G网络全覆盖，投入5.6万元为全村216户农户安装有线电视，线路安装共计12公里，实现户户有线电视全覆盖。为让村民感受到网络的便利，贫困户第一年可享受免费政策。但由于网络建设仍处于初级阶段，广电云网络信号差、难上网的问题仍未完全解决。正如村医张菊莲所说："广电云的网络信号不太好，虽然现在家家户户都通了网，但是用的人少，我家就是自己办理的电信

---

① 黄溪村地名。

② 资料来源：《黄道乡人饮安全（维修、新建）工程项目实施台账》。

2018年10月17日，调研十二组访谈黄溪村致富带头人姚茂小。

宽带。"同时，黄溪村借力脱贫攻坚东风，在公共卫生、公共服务设施方面发力，目前建设了1个村级卫生室、6座垃圾池、1个文化活动室、1个篮球场、1个文化广场、1个民族特色凉亭、2个乒乓球台、1个一至二年级的教学点、1个幼儿园，实现了病有所医、老有所养、少有所教。此外，黄溪村在实施"五改一化一维"项目中，完成改厕85户、改厨168户、改水176户、改圈5户，硬化170户村民的房前屋后、约15300平方米，维修房屋7户，实施农村危房改造93户，群众告别了"晴天灰不隆咚、雨天盆盆桶桶"的历史。

（二）区位优势显著，乡村旅游有前景

如上所述，黄溪村距黄道乡政府所在地仅1.8公里，只需4分钟的车程；从铜仁市彩虹海出发，途经九丰农业蔬菜旅游区，过万山镇朱

砂古镇20公里就能抵达黄溪村。同时黄溪峰峦山岭起伏，全村四面环山，林木繁茂葱郁，拥有丰富的林地资源，原始民居均为木质结构，历史悠久，有许多令人惊叹的精致细节，如雕花的门窗、石磨、火炕等古老的生活用具及设施，都蕴含着浓厚的乡村气息和乡愁文化。此外，黄溪拥有三座小山塘，其中黄瓜冲组两座，蓬溪组一座，是发展垂钓旅游的重要资源。目前，村民以承包的方式在黄瓜冲小山塘养殖鱼苗上千条，吸引了周围垂钓爱好者慕名前来。

（三）产业长短兼并，村集体经济发展有基础

黄溪村是一个典型的农业村，种养殖业是村民的主要收入来源，主要经济作物有水稻、高粱、红薯、高山刺葡萄等。近年来，该村积极探索村集体经济发展模式，立足资源优势，结合群众意愿，因地制宜，科学规划，将花椒作为该村主导产业列入村集体经济进行打造。作为长效产业，花椒种植与生猪养殖、跑山鸡养殖构建了黄溪村"长短兼并"的产业发展格局。目前，黄溪村在脱贫攻坚政策的支持下，已经建立了黄溪种养殖专业合作社、亿丰种养殖专业合作社、鑫茂祥种养殖专业合作社，种植葡萄600亩、花椒468亩，养殖山羊100只、禽类2200羽。

三、实践探索和经验模式

（一）脱贫攻坚：干部带头，被动变主动

黄溪村以"脱贫攻坚"为契机，在第一书记、驻村工作队的帮扶下，实现了旧貌到新颜的转变。调研组在走访入户的过程中，问到村

里最大的变化，杨玉环说："路变宽了、干净了、好走了，连厕所都不一样了。"除了路、水、电、网等基础设施建设，村干部积极发挥主观能动性，充分发挥引领作用，为"脱贫攻坚"这场硬仗营造了良好的氛围，改变了"等靠要"思想，转变了对国家资金政策过于依赖的态度。例如，村"三委"积极与企业和相关机构对接，向区文化局和区统计局申请了8万多元经费修建了黄溪村的篮球场，实现体育活动场所从"无"到"有"的转变。在村干部的带领下，村民也对脱贫致富之路充满了信心与期待。罗仁水是黄溪村第一批享受精准扶贫政策的帮扶对象，为了尽快摆脱贫困，解决两个女儿就学和家庭开支问题，他凭着自己的坚持和毅力应聘到黄溪村生态养鸡场，成为专业的养殖员，月薪达到2000元以上。不管天晴下雨，他都是两边跑——一边照顾家庭，一边到养殖场照看10000多只鸡。包村干部吴志富说："村民的意识在改变，不会只看到一亩三分地了，开始学会思考，也变得更加勤奋。罗仁水不仅养鸡，还利用外出务工学到的养兔技术，在家里搭了10多个兔棚子。"

（二）产业发展：统一规划，以短养长

科技支撑，推进产业科学化发展。黄溪村地处高山之处，山多地少，这是制约黄溪村经济发展的主要因素，但该村在村集体经济发展的过程中，因地制宜，科学选种，变"劣势"为"优势"，为黄溪村产业发展探索了新路子。2016年，黄溪村成立亿丰种养殖专业合作社，带领团队前往重庆市江津区开展实地考察，对花椒的种植条件、技术、土壤检测、养护等方面进行全方位了解，并进行可行性研究。黄溪村支部书记罗世银说："考察中我们发现重庆的花椒种

植基地气候、地势和气温与黄溪村非常相似。"黄溪村第一书记何昌林表示："花椒种植对水分要求不高，水多了容易把花椒淹死，黄溪村地处高山是我们的劣势，但也是我们最大的优势。"此外，何昌林说："因为高山刺葡萄同质化竞争严重，滞销给农户带来了不少损失。有这个前车之鉴，我们种植花椒之前对市场进行了充分的分析，目前黄道乡暂时没有花椒种植基地，这也是我们选择种花椒的原因之一。"目前，黄溪村以"农户＋合作社"的模式种植花椒486亩，成为黄溪村支柱产业。花椒产业的发展标志着黄溪村产业发展正式从"跟风种植"向"科学研判"转变，从"有什么种什么"向"科技种植"转变。

以短养长，优化产业发展结构。由于花椒生长周期需要三年，短时期效益不明显。为确保能够如期脱贫出列，贫困户能够按计划脱贫，

2018年10月18日，调研十二组实地考察黄溪村高山刺葡萄种植基地。

黄溪村大力实施"以短养长"的产业发展战略，在花椒种植基地产生收益前，保障贫困农户获得收益，达到脱贫标准。因此，黄溪村在以花椒种植为主导产业的同时，还发展了两个短效产业——跑山鸡养殖和生猪养殖。正如包村干部吴志福所说："当前高山刺葡萄滞销严重，打击了农户的积极性，不仅不能带来收益，还造成了惨重的损失。为了能在花椒产生收益前保障老百姓的收入，我们成立了黄溪种养殖专业合作社，开展跑山鸡养殖和生猪代养。"

以土地流转促进土地集约利用。产业发展布局中，黄溪村充分听取农户意见，同时向农户宣传各类农产品的种植条件、收益以及市场需求情况，创新农村土地流转方式，促进土地向农业企业、农业大户、专业合作社集中，实现土地的规模化、集约化、专业化经营，以土地流转为纽带，全力推进农业产业化发展。以花椒种植为例，村"三委"带领工作组深入每家每户了解种植花椒的意愿，并对部分不愿种植的农户提出土地流转的想法，实现土地集中利用，最后全村50户有意向开展花椒种植。目前，黄溪村亿丰种养殖专业合作社已完成1000亩土地的流转。

（三）乡村治理：依法治村，从无到有

行政村是我国行政区划体系中最基层的区域单位，既是农村的基层管理单位，又是农村群众自治组织的区域依托，管理难度大，工作复杂、艰辛。黄溪村第一书记何昌林驻村后，经过走村入户发现，农村大多数问题是农民日益增强的法治意识与"无规可循""无'法'可依"之间的矛盾。比如村支监"三委"干部在处理公务时没有法规依据，或者未依照法规及村规民约执行，引发村民的不满，在此情形下

村民对村里的发展及相关活动都持"事不关己高高挂起"的态度。正如何昌林所说："如果不依法行政，是难以服众的。"为此，黄溪村制定了村规民约，规范了村民委员会主要职责，明确村民委员会工作制度，进一步规范村干部及村民的言行，实现办事有法可依、做事有章可循。

此外，在乡村卫生方面，黄溪村通过将贫困户聘为生态护林员和卫生清洁员的模式，动员群众共同参与村、组及屋外卫生整洁，使农村人居环境达到了城镇人的水准。同时，"5321"帮扶干部还会帮助群众打扫通村通组公路、村寨、庭院和家庭卫生，通过示范带动村民改变不良卫生习惯，创造舒适宜居的生活环境。

四、存在问题及原因分析

（一）农业合作社机制有待完善

农业专业合作社是解决农户分散生产问题的重要途径，通过"农户＋合作社"的发展模式，有利于推进农业发展产业化。黄溪村为发展壮大村集体经济，成立了3个专业合作社，但是由于合作社机制不健全，缺乏管理制度，产业发展规模难以壮大。此外，当前农村合作社风险防控基本为零，一旦产业发展遇到困境，入股农户便会遭受严重打击。正如调研中何昌林所反映的一样，"村里的农业合作社投入大量的人力、物力、财力进行高山刺葡萄的种植，其中绝大部分资金来自银行向村民提供的贷款，2018年葡萄病虫害严重，农户损失惨重，很多村民又面临银行催促还款，压力非常大。"

（二）生态与发展的关系亟须平衡

当前，农村急于发展村集体经济，如何念好"山字经"，用好"金山银山"，保护好"绿水青山"是很多农村面临的难题。黄溪村生态植被良好，绿树成荫，是一个生态村。近年来，黄溪村成立了鑫茂祥种养殖专业合作社，通过"公司＋合作社"的方式，与武陵农牧合作，发展生猪代养。调研组在调研中发现，该养殖场还存在养殖不规范、卫生不达标、粪便处理不到位等问题。黄道乡副乡长袁渊说："如果有环保督查，这个养殖场有关闭的风险。"由此可见，在生态保护和经济发展的选择面前，黄溪村仍需进一步做足功课，既要保护生态环境，也要发展农村经济。

（三）基层组织建设有待加强

一个行政村的基层组织建设与农村经济发展、乡村治理息息相关。基层组织成员的文化水平、眼光视野、干事作风都对农村发展有着重大影响。当前，黄溪村村"三委"干部呈老龄化趋势，且多数文化水平不高。黄溪村支部书记罗世银56岁、初中文凭，村主任罗仁先53岁、初中文凭。受年龄及文化水平的限制，领导干部在开展工作的过程中存在思维固化、对新鲜事物接受度低、不善于总结经验教训、不会使用现代化科技设备等问题。黄溪村包村干部吴志福表示，实施"大学生村官"成长计划，为农村发展带来了不一样的活力，提供了智力支持。

（四）基础设施仍是发展硬伤

黄溪村在道路上已经实现了"组组通"，用水实现"人人饮"，网络实现"户户用"，部分产业发展基地也修了石子路。但总体而言，基

2018年10月18日，调研十二组走访黄溪村贫困户吴翠莲。

础设施仍然是黄溪村发展的硬伤。首先，通村道路、通组公路过窄，车辆会车难度大，如果有大车经过，基本无法会车。其次，产业路狭窄，影响产业做大做强。正如黄溪村脱贫代表罗泽铭所说："产业路太窄了，又没有硬化，大车进不来，葡萄成熟时，我们只能通过电三轮运输出去再搬到大车上，对葡萄有很大损伤。"关于基础设施的问题，包村干部吴志富也说："配套跟不上，2018年冬天凝冻时，村里停电了，养殖场没有电给鸡取暖，冻死了很多鸡，造成了很大的损失。"

五、对策与建议

（一）完善体制机制，为农村经济发展保驾护航

农业合作社是农村经济发展的重要载体和核心关键，建议在发展

村集体经济和村农业合作社经济时要注意风险防控。一方面，与保险公司协作建立村集体经济和村农业合作社经济专项保险，为创办村集体经济和村农业合作社经济的村集体乃至农业合作社提供风险保障，为向银行贷款创业的村民提供贷款保险，降低可能发生的风险带给村民乃至整个村的经济损失，进而维护村庄的和谐稳定发展。另一方面，加快建立健全农业合作社的规章制度，明确责任分工，避免农业合作社管理混乱、"一言堂"等情况。

（二）加强环境保护，积极发展绿色经济

在新时代新农村的建设和发展中，要避免先发展后治理的情况发生。首先，在农村大力宣传环境保护的重要性，养成环保思维，实现思维方式的转变。其次，在产业发展方面，要积极推崇发展绿色经济，让老百姓既享受到经济发展带来的红利，也享受到生态环境带来的福利。最后，加大环境监管和督查力度，鼓励村民参与到监察工作中来，形成村民集体督查环保机制，对不合规、不标准、有污染的企业严格整改或叫停。

（三）加强队伍建设，建立领导干部培养机制

一是继续实施"大学生村官"成长计划，为农村发展提供人才支持。同时，依托本地优秀大学生、致富带头人、务工返乡创业青年、复转军人等群体建立人才储备信息库，并推荐从信息库中培养选拔村支监"三委"班子成员。二是建立健全干部的培养选拔机制，采取"派出去看、送出去学、推出去练"的方式，加强对后备干部的锻炼和培养，并定期进行考核、考察，形成结构合理、素质优良、门类齐全、数量

充足的干部队伍。三是从区级层面成立基层领导干部培训班，定期举行专题培训，实现基层领导干部素质水平全面提升。

（四）加强基础设施建设，为产业发展提供基本保障

俗话说："要致富，先修路"。农村经济要发展，必须加强基础交通设施建设及配套服务。一是依托乡村振兴战略，大力壮大村集体经济，通过村集体经济的积累，对乡村道路进行完善和拓宽，并逐步完善产业配套设施，确保产业发展有保障，形成良性互动。二是引进大型企业进驻黄溪村，大力发展垂钓乡村旅游，通过企业及乡村旅游业的发展带动道路设施建设。三是发展产业的同时，预留部分扶贫资金用于产业路的修建，为农产品的销售提供基础保障。同时，要进一步完善水、电、网的建设，为乡村经济发展做好服务。

参考文献

1. 黄溪村支部委员会、黄溪村村民委员会：《黄溪村转型发展工作报告》，2018。

2. 何昌林：《2016年5至7月驻村扶贫工作情况报告》，2016。

3. 黄道侗族乡人民政府：《黄道乡2016年黄溪村集体经济花椒基地项目实施方案》，2016。

4. 黄溪村村民委员会：《关于黄道乡黄溪村赴重庆市江津区考察学习花椒种植基地的实施方案》，2016。

5. 何昌林：《2018年驻村扶贫工作总结》，2018。

6. 黄溪村村民委员会：《黄溪村脱贫攻坚作战图》，2017。

7. 黄道侗族乡人民政府：《黄道乡人饮安全（维修、新建）工程项目实施台账》，2018。

8. 国务院办公厅：《国务院办公厅关于支持返乡下乡人员创业创新促进农村一二三产业融合发展的意见》，2016。

假如我是一只鸟，我将展翅高飞，俯视这片富饶的土地。青的山，绿的水，金色的田野，勤劳的人们，还有那来自乡间的现代文明……

暮色降临，山村田野间，

家禽鸟兽归来，尽显村庄祥和。

谁道村郊野味侵，柴扉竹榻草花清。

农家美味入口间，唇齿留香荡气肠。

优化产业结构　实现动能转换

——力坳村调研报告

2018年10月20~21日，铜仁市万山区转型可持续发展大调研第十二组成员何丹、王怡赴黄道侗族乡（以下简称"黄道乡"）力坳村开展调研工作。调研以召开座谈会、专访、入户走访和实地考察的形式展开。其间，调研组访谈了第一书记杨永、致富带头人罗仁长、杨元桃、学生代表刘家豪、脱贫代表吴希国，实地考察了铜仁市万山区生猪养殖科普示范基地，并走访了刘洪梅（65岁）、罗仁建（46岁）、罗仁本（41岁）、吴希国（48岁）、刘洪平（54岁）、陈会萍（19岁）、梁银秀（73岁）、杨坤昌（71岁）、罗孟菊（70岁）、罗仁秀（58岁）等村民，就力坳村基本概况、优势特色、产业发展、精准脱贫等情况进行了解。通过调研，形成调研报告如下。

一、基本概况与历史沿革

力坳村位于黄道乡南部，东南面与湖南省芷江侗族自治县、新晃侗族自治县两县接壤，是出黔入湘和由湘入黔的重要村寨，也是湘黔两地经济流通的重要中心和黄金地段。村委会所在地距乡政府驻地7.5千米，距万山经开区高速入口24千米，584县道即万芷路穿村而过，交通十分便利。力坳村境内属中亚热带季风湿润气候区，降水充沛，气候温和，日照条件较好，年均温度16.2℃。全村总面积6.7平方公里，辖11个村民组，主要有罗姓、刘姓的侗族、汉族人家。全村总人口267户、910人，大坳组24户、82人，大门口组21户、69人，坟董组34户、126人，烂泥组16户、72人，力坳组19户、67人，牛崽冲组15户、45人，下深冲组17户、54人，下院子组29户、99人，油房组31户、101人，张家组20户、71人，竹山冲组35户、123人（见表1）。其中，全村党员17

表1 力坳村人口结构

序号	村民组	户数（户）	人口（人）
1	大坳组	24	82
2	大门口组	21	69
3	坟董组	34	126
4	烂泥组	16	72
5	力坳组	19	67
6	牛崽冲组	15	45
7	下深冲组	17	54
8	下院子组	29	99
9	油房组	31	101
10	张家组	20	71
11	竹山冲组	35	123

资料来源：《力坳村脱贫攻坚工作开展情况汇报》。

2018年10月21日，调研十二组与力坳村村"三委"召开座谈会。

人、外出务工人员450人、60岁以上老人148人、90岁以上老人0人、"三无"老人1人。

力坳村属三类贫困村，低保户61户、97人，五保户1户、1人，建档立卡贫困户71户、244人。开展脱贫攻坚工作以来，贫困人口减少69户、240人，贫困发生率由2.48%下降到0.4%，人均纯收入上升到7977元。[1] 当前力坳村"三委"班子健全，村支部书记刘远碧、村主任罗仁树、村监委会主任张应良均于2016年选举任职。力坳村第一书记杨永，是万山区委党校教务办副主任，于2016年3月下派到力坳村。驻村工作队常驻队员均由下派干部组成，分别是2017年8月下派的万山区委离退局副局长、区老年大学校长吴克柱，2017年8月下派的万山区委党校干

---

① 资料来源:《力坳村脱贫攻坚工作开展情况汇报》。

部韩克锋、李立。包村领导为黄道乡计生协会副会长杨正莲,包村干部为黄道乡党建办工作人员宁蓉、黄道乡综治办工作人员何朝阳。

力坳村因村民出行需翻过一座名叫"力坳"的山而得名,解放前属贵州省省溪县黄道司仓前保管辖,沿用名为大榜,后拆并省溪县,黄道司并入玉屏县管辖,至解放后历经几次行政区划调整。1984年12月,贵州省政府批准万山特区成立民族乡,黄道侗族乡就此成立,辖11个村民组(含力坳村)至2005年。在2005年"小村并大村"的建设思路中,大榜与力坳两村合并为临湘村。2008年,临湘村又拆分为大榜村和力坳村。全村被584县道和便水溪分割为两大部分,便水溪是黄道乡流域面积最大的河流,经力坳村流入湖南境内的舞阳河水系。在力坳村调研的过程中,调研组发现,各个村寨民居傍山依水而建,村居民房以传统木质民居与现代砖混结构房屋为主,坐落在一条条蜿蜒曲折的水泥路两旁。绿树掩映的棕木屋、青瓦房、瓷砖楼交相辉映,形成力坳村独特的乡村风貌。

二、基础条件和特色优势

(一)基础设施日趋完善,公共服务待加强

近年来,在脱贫攻坚政策的帮扶下,力坳村大力实施"五改一维一化""通村通组连户路""农村饮水安全""农村电网改造""农村广电云户户用""立面改造""危房改造""一事一议""美丽乡村示范带"等工程,基础设施建设日渐完善。一是道路实现"组组通",目前力坳村共有5条通村公路、5座桥梁,硬化了28.8公里通组道路,并安装了40盏路灯,新建了20个垃圾池,基本上满足大部分村民的生产生活

需要。二是实施安全饮水工程，用水实现"人人饮"。近年来，力坳村新建储水池3处，涉及3个村民组；维修饮水工程3处，涉及3个村民组。2016年修建山塘1座，彻底解决了农业农田灌溉难题。三是网络实现"户户用"，推进多彩贵州广电云网络通信基础设施建设，促进全村4G网络全覆盖，为全村228户农户安装闭路电视。针对没有电视机的贫困户家庭，由政府购买生活必需品进行发放，实现户户有线电视全联通。四是危房改造全面到位，2014年完成7户、35人，2015年完成6户、25人，2016年完成12户、35人，2017年完成10户、19人，2018年完成3户、11人。五是医疗保险实现全覆盖，建立以新农合基本医疗保障为主体，大病保险赔付、民政医疗救助、计生医疗扶助、医疗费用兜底及非医疗救助保障为补充的"四重医疗保障"体系，实施家庭医生签约保障制度，由政府为所有建档立卡贫困对象代缴新农合120元／人，为所有建档立卡贫困对象代缴100元健康保险。[①]同时，力坳村也加强公共服务设施的建设，新建了村委会办公大楼，建立了1个篮球场，修缮了1个村级卫生室，组建了1个村级活动室。但是当前力坳村无教学点、无幼儿园，适龄儿童上学难的问题尚未得到解决。

（二）森林覆盖率高，适宜打造避暑胜地

自然资源丰富，气候适宜。力坳村环境优美、山清水秀，植被葱葱郁郁，山峰高低起伏延绵不断，森林覆盖率达70%，全村年均温度16.2℃，夏季平均气温为22℃，是炎炎夏日避暑的好地方。同时，便

---

① 《强化"四个意识"不断推进健康扶贫——山阳县卫计局健康扶贫工作巡礼》，《法治与社会》2019年第2期。

水溪穿村而过，力坳村的民居均傍山依水而建，民居特色风貌保存较为完好。远远望去，力坳村犹如深山里盛开的莲花，就是陶渊明所说的"世外桃源"，引人入胜。盛夏时节，走近林木茂盛的小溪，一路上鸟语花香，清风徐来，一阵凉爽，好不惬意。

区位优势明显，临近湖南。力坳村虽然距万山区城区较远，但是由于与湖南省芷江侗族自治县、新晃侗族自治县两县接壤，弥补了区位方面的短板。湖南为大陆性亚热带季风湿润气候，冬寒冷而夏酷热，春温多变，秋温陡降，春夏多雨，秋冬干旱，加之三面环山的地形，夏季平均气温在26~29℃，衡阳一带可高达30℃左右。反观力坳村，夏季凉爽宜人，与高温闷热的湖南形成了鲜明的对比，加之距离较近，是湖南人避暑消暑的不二选择。

（三）乡贤能人多，有利于带动产业发展

力坳村山清水秀，人杰地灵，在历史长河中培养了一批又一批的优秀人才，为力坳村的经济发展提供了人力资源支撑。自力坳村大力发展村集体经济以来，得到了大批本地人才的支持，众多有为青年在政府部门的感召下，纷纷返乡支持农村发展，为家乡的致富之路贡献力量。如成功人士罗仁长、女强人杨元桃、艰苦奋斗的吴希国、种植大户罗洪渊等，在力坳村产业发展及脱贫攻坚工作中起到了至关重要的示范带动作用。在众多乡贤能人的支持下，当前力坳村建成自繁自养模式生态养殖场1个，年存栏生猪7500头，带动200余人脱贫；发展村集体经济2个，成立农业专业合作社2个，带动贫困户71户、244人脱贫。初步形成了"村村有扶贫产业，户户有增收项目，人人有脱贫门路"的大扶贫格局，实现扶贫产业和村集体经济分红全覆盖，共分红71户7

万余元，实现村集体经济积累3万元以上。

三、实践探索与经验模式

（一）发展现代化高效养殖业，推动畜牧业生产方式从粗放型向集约型转变

"春晖使者＋致富带头人＋公司"，发展现代化生猪养殖业。为让村集体经济活起来，让群众富起来，力坳村深入推进"助力脱贫攻坚，凝聚亲情乡情，关注家乡发展，反哺故土亲人"的春晖行动工程，把春晖行动公益平台与"三社融合促三变"相结合，建立"民心党建＋三社融合促三变＋春晖社"融合发展机制。2017年，力坳村罗仁长在春晖行动的感召下，返乡创办了贵州省云飞牧业有限责任公司，采取"自繁自养＋贫困散养"的发展模式，与湖南正大集团达成合作协议，贵州省云飞牧业有限责任公司采购正大集团的饲料，正大集团为贵州省云飞牧业有限责任公司的发展及生猪养殖提供战略指导和技术支持。为此，正大集团专门派遣1名技术员常驻养殖场，为生猪饲养基地的选址、厂房的建设、生猪饲养从育种到防疫等方方面面提供科学的指导。罗仁长在访谈中表示："我们买他们的饲料、用他们的技术，生猪自产自养自销，但如果遇到销售困难，正大集团按照市场价格进行保底收购，这一定程度上降低了我们的风险。"为推进生猪养殖的规范化、标准化和现代化，贵州省云飞牧业有限责任公司配有保育室和产房各2个，配怀室、消毒室、化验室和污水处理室各1个，预计年出栏生猪5000头。调研组在考察贵州省云飞牧业有限责任公司的猪棚时，均要经过全方位消毒，并穿戴防护服。

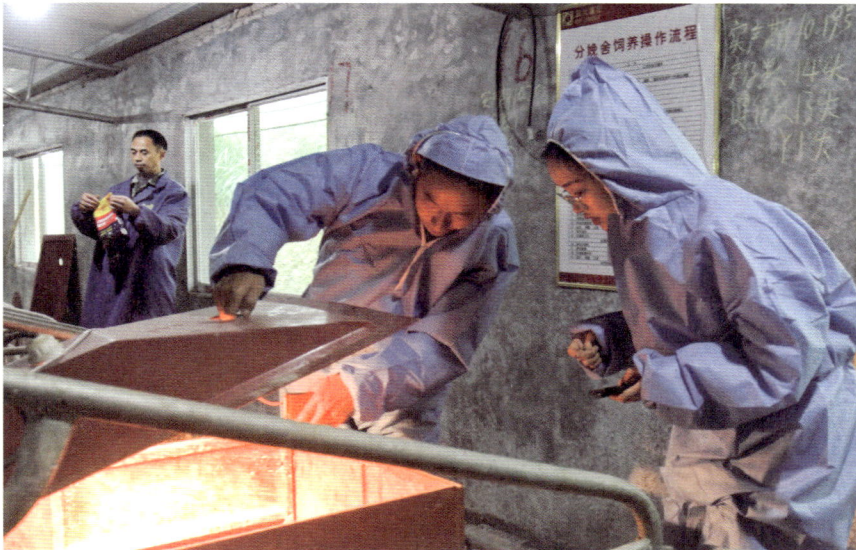

2018年10月20日，调研十二组实地考察力坳村云飞牧业有限公司生猪饲养基地。

"企业＋精准扶贫户"，带动村民致富。力坳村在产业扶贫工作的推进中，充分用好用活精扶贷产业扶持政策，实施了"村集体经济＋云飞牧业养殖有限责任公司＋精准扶贫户"和"百汇源农业开发有限公司＋精准扶贫户"的产业发展带动扶贫项目，鼓励符合条件的精准扶贫户利用精扶贷发展种养殖产业或入股产业大户领取分红。截至2017年底，力坳村共有42户贫困户享受了精扶贷政策，其中19户入股云飞养殖有限公司，8户入股百汇园农业发展有限公司，2户入股鑫林牧业公司，13户自己发展牛、生猪、羊等产业。此外，有20户发展养殖的贫困户按政策享受了产业奖补政策。罗仁芹是力坳村力坳组的一户贫困户，有能力也有意愿养猪，猪圈已经通过"五改一化一维"改造，他说："我入股了罗仁长的公司，并签订规范的入股合同，无论企业、合作社盈亏状况如何，年底都能分红3000元，现在猪圈也改造好了，可以从罗仁长那里引入5头小猪饲养。"同时，力坳村在生猪养殖中，积极鼓励"散户带动"模式，让贫困户一起参与进来，通过饲养生猪，发展产业，实现短期能脱贫、长期能致富的目的。罗仁长说："力坳村的贫困户比较多，密度比较大，公司发展的同时不光考虑到要带领他们脱贫，而且还要带领他们致富。等公司小猪生产出来后，就把仔猪发放给有劳动能力、有意愿养猪的贫困户，我们提供技术、提供饲料，让他们自己饲养，公司只收取小猪和饲料的成本，还帮他们联络销售，养大的商品猪卖出后的钱全归贫困户所有。"

(二) 调整产业结构，带动产业发展从单一向多元转变

力坳村作为一个山地农业村，传统的农作物有玉米、水稻、红薯等，产业结构单一经济效益低，大多数农民只能依靠"一亩三分地"，外出务工和传统养殖业是村民的主要经济来源。近年来，为发展壮大村集体经济，力坳村在产业结构调整方面下足功夫。一方面，通过发展村集体经济，带动农户土地流转，促进农户种植观念的转变。另一方面，通过借鉴"他山之石"，组织农户代表前往种养殖业发展成功的村寨进行学习考察，感受种植业态的转变给农村发展带来的变化。第一书记杨永说："我们鼓励农户进行土地流转，大规模种植油茶、葡萄、香柚、洋桃等农产品，提升经济效益。"土生土长的力坳村人杨元桃在村"三委"的动员下，向农户流转土地，种植了200~300亩油茶。村支书刘远碧积极发挥带头作用，修建了500平方米的肉牛养殖场，带动农户发展养殖业。目前，在村"三委"的带动下，力坳村现已有种养殖大户9户、养殖山羊300只、猪1000余头、种植高山葡萄500亩、油茶900亩、洋桃200亩。

（三）转变发展观念，形成"两翼一中心一基地八点"的产业发展格局

力坳村按照科学规划的原则，在《力坳村定点包干脱贫攻坚实施方案》中，对产业发展进行全面规划，全力实施"支部带领帮厘清思路，能人带头帮发展产业，入股分红带动帮增收致富"的"三带三帮"产业脱贫模式。通过"村'三委'＋公司＋合作社＋基地＋农户（贫困户）"产业化经营发展方式，统一技术指导、统一管理、统一产品销售。目前，已初步形成了"两翼一中心一基地八点"的产业发展格局。两翼，即全力打造特色种植业和特色养殖业；一中心，即投资380万元打造了一个特色养殖中心——贵州省云飞牧业有限责任公司；一基地，即力坳村产业带头人杨元桃牵头创办的300亩飞地高效生态蔬菜大棚基地；八点，即罗仁树黄桃种植点、张池和香柚种植点、张绍登葡萄种植点、吴希国葡萄种植点、罗仁金葡萄种植点、刘远碧肉牛养殖点、刘元明肉牛养殖点、邓忠芬山羊养殖点。其中规模最大的为致富带头人罗仁长、杨元桃分别牵头创办的贵州省云飞牧业有限责任公司和贵州百汇源农业开发有限公司。

四、存在问题及原因分析

随着脱贫攻坚的深入推进和美丽乡村的建设，力坳村在基础设施建设、人居环境改善、农业产业化发展等方面做出了一系列卓有成效的探索。但如何进一步提升基础设施配套、完善公共服务设施建设、优化产业发展布局、加强乡村治理、处理好政策优惠"给"得不均匀引发的邻里问题仍是力坳村经济发展中的难点和痛点。基于此，调研

组就产业发展布局及邻里问题进行深入分析。

（一）产业发展亟须加强统筹规划

在产业发展结构调整中，力坳村虽然意识到产业发展规划的重要性，并在《力坳村定点包干脱贫攻坚实施方案》中对相关事项进行了逐一说明和统筹。但规划缺乏科学性、前瞻性、系统性和可持续性，导致力坳村的产业发展常常半途而废或频繁变更，主要原因有以下三个方面。

一是盲目跟风种植现象普遍存在。力坳村制定的《力坳村定点包干脱贫攻坚实施方案》，在产业发展方面做了一定的顶层设计，但指导性不强，效果不明显。产业发展的选择上，并没有因地制宜，加上种植散户多，思维意识尚未转变，仍然停留在"别人种什么我种什么"

2018年10月21日，调研十二组专访力坳村脱贫代表吴希国。

的状态。正如第一书记杨永说："这个规划只能对专业合作社、企业起到一定的指导作用，散户要种什么只能尽量引导，但是无法阻止。"

二是市场研判仍为空白。当前农村种养殖业发展，基本上处于"生产什么卖什么"的状态，农户对市场变化不敏感、对外界需求不清楚、对农产品的市场饱和度知之甚少，缺乏对市场的研判与分析，难以做到"市场需要什么生产什么"。因此，农产品是否畅销、销售渠道如何、面向哪里的市场都是当前农村产业发展中亟待探索的问题。力坳村在产业发展中，由于缺乏对市场的了解，种植了大量的高山刺葡萄，最后导致卖不起价，甚至滞销，给农户带来了很大的损失和打击。力坳村第一书记杨永说："高山刺葡萄的农户这几年亏损非常严重，2016年批发单价为1元／斤，2017年是1.5元／斤，零售价也只有2.5元／斤，还很不好卖。所以很多农户干脆不去采摘，葡萄就这样坏在地里了。"

三是产业发展缺乏系统管理机制。力坳村的产业发展基本上以种植大户带动为主，种植产业大多为长效产业，需要几年的投入才会产生收益。部分种植大户在此过程中资金链的短缺或疏于管理，导致种植基地荒废。一方面给农户带来损失，另一方面占用土地资源，降低农民收益。例如，调研组在调研中了解到，当前力坳村共种植了800亩葡萄，但目前正常经营的只有200亩左右。正如力坳村第一书记杨永所说："部分种植大户虽然有带动作用，但是他们并没有长远规划，加上村里没有完善的管理机制，很多农户就像'猴子掰苞谷，掰一个丢一个'，种在那里又没有人打理，浪费了土地资源。"

(二) 邻里矛盾和干群问题尚待解决

脱贫攻坚改善了农村面貌、提升了农民生活水平、带动了农业产业化发展……提到脱贫政策带来的福利，无论是领导干部还是普通老百姓，都能罗列出无数的好处。但调研组在调研中发现，力坳村仍然有一些深层次的问题亟待解决，例如因为优惠政策"给"的标准、"帮"的力度有所不同，激化了农村邻里及干群之间的社会矛盾。一方面，贫困户与非贫困户间，收入相差并不是很大，但是享受到的政策却天差地别，邻里之间的攀比心理导致双方相互仇视。力坳村委员刘洪芹说："有一些农户比较勤奋，家庭收入可观，不是帮扶对象；有一些农户就是懒汉，等着政府养，识别为贫困户后搬进了新房，成为城市人。这就让那些平时肯干勤奋的人觉得不公平，产生抵触情绪，对我们的工作不认可也不支持。"由此可见，脱贫工作中优惠政策"给"得不均是激化邻里矛盾的重要原因。另一方面，由于基层组织建设的问题，部分农户认为领导干部不公正不公平，是引起干群矛盾的主要原因。

五、对策与建议

（一）加强产业统一规划，优化管理机制

农业产业化发展是发展壮大村集体经济的重要抓手，如何优化产业结构、推进产业布局合理化，通过产业带动农村经济蓬勃发展。调研组建议：一是制定《村级产业发展规划》，对村集体经济的发展进行前瞻性、科学性和可持续性的研究，并通过专业机构对该《规划》进行可行性分析。《规划》中对产业选择、种植情况、发展方向、产业变更及前期调研工作进行统一规定和说明。二是坚持"政府主导，全民参与"的原则，建立产业发展委员会，对种养殖大户进行统一管理和培训。通过制定《产业发展委员会委员准则》，规范种养殖大户的行为，

确保产业发展有人"管"。三是充分发挥村监委会的作用，对产业发展进行督促和考核，考核结果与产业扶贫资金倾斜力度挂钩。对懒散、疏于管理的相关人员要及时沟通，了解具体情况。四是预留一定比例的产业扶贫资金作为备用金，一旦合作社、种养殖大户资金链出现问题，及时给予一定的支持与帮扶。

（二）脱贫攻坚＋乡村振兴，注重因情施策

如上所述，调研结果显示，脱贫攻坚带领贫困户住进了高楼、过上了好生活、提高了收入，解决了绝对贫困群体的困难。但是相对贫困群体的问题并没有得到解决，甚至有的相对贫困户因病、因学或突发事件一夜致贫，成为新增贫困户，从而引发了新的社会问题。为此，调研组建议，在实施乡村振兴战略中，要加强对相对贫困群体的关注，注重因情施策、分类实施，根据不同情况制定帮扶标准，使人力、物力和财力的使用更加"精准"和"均匀"，既要保证绝对贫困群体不返贫，也要确保相对贫困群体不致贫。从根本上解决老百姓认为"给"得不均的问题。同时，在各种优惠政策及福利的发放中，建议村级政府实行公开化和透明化，可通过召开"村民议事会""院坝会"，充分听取群众的意见，处理好邻里关系和干群关系，形成其乐融融的乡村新氛围。

（三）强化思想教育，激发内生动力

精准扶贫是改善贫困户生活现状的基本手段，并非目的。要实现真正的脱贫致富，关键在老百姓自身。目前，部分农户思想尚未转变，"等靠要"思想仍然存在。因此，脱贫之后如何预防返贫，其重点在

于推动村民思想转变，激发内生动力。首先，要通过宣讲会的形式，推动形成"扶贫先要扶志"的基本共识。其次，要建立奖惩机制，对主动积极的农户给予表扬和肯定，并从村集体经济中预留部分资金购买奖品进行发放。最后，对只想靠国家政策养的有劳动力的青壮年，要建立"一对一"思想教育机制，因人施策，创造更多就业岗位，强调多劳多得，鼓励他们"走出去，动起来"，靠自己的能力实现温饱不用愁。

参考文献

1. 力坳村委会：《力坳村定点包干脱贫攻坚实施方案（2016—2018年）》，2016。

2. 力坳村委会：《力坳村脱贫攻坚工作开展情况汇报》，2017。

3. 韩克锋：《春晖在行动——大山深处出扶贫大产业》，2017。

4. 宁蓉：《杨元桃个人先进事迹材料》，2018。

5. 刘书云、张斌：《脱贫攻坚中，"给"出来的社会矛盾不容忽视》，半月谈网，2018。

6. 国家农业部畜牧业司：《农业部关于加快推进畜禽标准化规模养殖的意见》，2010。

7. 《强化"四个意识"不断推进健康扶贫——山阳县卫计局健康扶贫工作巡礼》，《法治与社会》2019年第2期。

鸡鸭成群猪满圈，棉麻叠岭谷盈仓；楼房鳞栉连超市，蜿蜒道路跨水塘；日月丰般喜气扬，金鸡啼颂赞小康。

阳光照宝地，春风拂新居。

日照新楼映彩霞，眼角眉梢尽绽花。

育人为本，德育为先。少年辛苦终身事，莫向光阴惰寸功。学非探其花，要自拔其根。

培育新型经营主体
做强做优特色产业

——大榜村调研报告

2018年10月17~19日，铜仁市万山区转型可持续发展大调研第十二组成员严旭、易康宁赴黄道侗族乡（以下简称"黄道乡"）大榜村开展调研工作。调研期间，调研小组首先就大榜村基本概况、特色优势、产业发展、精准脱贫等情况与驻村工作组领导王发洪，驻村工作组成员罗骏、崔静、吴万喜，大榜村党支部书记杨稳等主要村干部开展座谈，并就大榜村的脱贫模式对万山区人民武装部（大榜村对口帮扶单位）干部罗骏进行了专访。同时，调研小组还围绕精准帮扶、教育扶贫、脱贫户生活变化、乡村变化和万山精神等主题，先后访谈了脱贫代表杨代银、大榜村村民委员会委员兼村妇女主任刘金花、黄道中学学生代表滕向阳以及大榜村老支书杨火生，实地走访了中蜂养殖农户杨汉江和生猪养殖农户罗洪朱，考察了进兴实业山地精品水果基地，走访了杨代银（男，59岁）、刘金花（女，48岁）、罗世柱（男，55岁）、杨火生（男，67岁）、杨汉江（男，62岁）、罗春花（女，45岁）、杨汉梅（男，66岁）、罗秋香（女，48岁）、刘洪桥（女，57岁）、罗洪朱（男，

52岁）等村民。通过调研，形成调研报告如下。

一、基本概况与历史沿革

大榜村位于黄道侗族乡东南部，东南面与湖南芷江、新晃两县接壤，是出黔入湘和由湘入黔的重要村寨，也是湘黔两地经济流通的重要中心和黄金地段。该村交通十分便利，584县道即万湖路穿村而过，村委会距乡政府驻地7.5千米，距万山经开区高速公路入口24千米。全村总面积8.7平方公里，耕地面积974.4亩，森林覆盖率达65%以上。全村辖区共17个村民组，总人口331户、1501人，18岁以下儿童369人，60岁以上老人190人，90岁以上老人1人。其中，留守儿童32人，残疾人75人，党员28人。另外，村干部共有7人，支书1人，支委委员1人，村委委员2人，监委会3人。

截至2018年9月底，大榜村共有精准扶贫户62户、227人，按贫困属性划分为：一般农户28户、107人，五保户2户、2人，低保户32、户118人。占比依次为47.13%、0.88%、51.99%。

通过扶贫帮扶，全村已脱贫59户、215人。其中，2014年脱贫退出5户、21人，2015年脱贫退出23户、93人，2016年脱贫退出24户、77人，2017年脱贫退出7户、24人（见表1），占比依次为9.36%、41.52%、34.36%、10.71%，未脱贫3户、12人。截至2017年末，全村贫困发生率为0.79%。

大榜村解放前属贵州省省溪县黄道司仓前保管辖，一直沿用大榜这个名称，后裁并省溪县，黄道司并入玉屏县管辖，解放后又历经多次行政区划调整，一直到1984年12月，贵州省政府批准万山特区

表1 大榜村脱贫情况

年份	脱贫户数（户）	脱贫人数（人）
2014	5	21
2015	23	93
2016	24	77
2017	7	24

数据来源：《黄道乡大榜村基本情况简介》。

成立民族乡，黄道侗族乡就此成立，大榜村归黄道侗族乡管辖。2005年，在实施"小村并大村"政策中，大榜村与力坳两村合并为临湘村，2008年又恢复为原来两村。

二、基础条件和特色优势

（一）交通区位优势明显，是基础设施完善的边界村

大榜村位于黄道侗族乡东南部，东南面与湖南芷江、新晃两县接壤，位于两省三县交界地带，584县道即万湖路穿村而过，是万山通往湖南的重要通道，素有"万山东大门"之称。

近年来，大榜村通过工程项目建设，完善了住房、交通、饮水、广电等农村基础设施建设。其中，"五改一化一维"方面，共实施295户，其中改厕124户、改水126户、改厨281户、改厨8户、改电125户、房前屋后硬化145户、房屋维修及危房改造13户，投入资金约200万元，改善了大榜村村民居住条件，提升了村容村貌。农村饮水安全方面，新建工程8处，涉及13个村民组、800余人；投入90万元，建

设水池3口，共计100方；维修安装管道1.2万米，全村实现户户通自来水，人人喝上安全水。农村交通方面，2018年初完成架检至老坝沙通组路1.5公里、苟楼溪至木架冲通组路1.8公里建设，至此全村组组通水泥路，实现道路全部硬化。农村广电方面，2018年初完成全村331户广电云"户户用"工程闭路电视安装，为贫困户免2年收视费，一般农户免1年收视费。

（二）公共服务完善，是乡村治理成效显著的幸福村

大榜村积极用好教育扶贫、医疗扶贫、低保救助等政策，让每个贫困户家庭"上得起学，看得起病，有所依靠"，实现了"读书有补助，学有所教；看病能报销，病有所医；生活有保障，困有所济"。

实现学有所教。大榜村按照"精准资助、应助尽助"的原则，实

2018年10月17日，调研十二组与大榜村村支监"三委"召开座谈会。

现建档立卡贫困学生资助全覆盖，落实普高、中职"两助三免（补）"、高校"两助一免（补）"政策、义务教育阶段"两免一补"政策，建立了"从小到大"的贫困学生资助体系。另外，结合村内仅有小学1~3年级的实际情况，集中优质教学资源，将村幼儿园和小学合并，实行共同办学，并实施5元/天的全面营养午餐计划，让贫困学生得到了相应的资助。此外，人武部为丰富学生校园文化生活，出资1.2万元为小学和幼儿园购买安装校园广播和文体器材。

实现病有所医。大榜村建立了基本医保、大病保险、医疗救助、医疗扶助的"四重医疗保障"制度，并实施家庭医生签约保障制度。另外，在实施新型农村合作医疗制度方面，为所有建档立卡贫困每人代缴120元参保费和100元健康保险，参合率达100%。

实现困有所济。目前，大榜村全村109户特困及低保户家庭均已纳入保障体系。同时，积极落实农村低保政策，实行低保动态管理，做到应保尽保，并全面清退"死人保""四有人员"等不符合享受低保的人员。

此外，大榜村在乡村治理方面成效也较为突出。自全面开展环境卫生大整治以来，大榜村为改善老百姓的生产生活环境，帮扶工作组在环境卫生整治上下功夫，组织党员干部、公益热心人员开展环境卫生大整治。其中，集中整治了通村、通组公路以及村寨、庭院和家庭卫生，仅2018年，人武部先后集中清理村道16次，清理路边垃圾100余吨，在各村民小组新建垃圾池8座。同时，通过"最美清洁户""劳动致富示范户"等活动评选出20余户先进典型，示范带动群众改变不良卫生习惯，村容村貌得到极大改善。

三、实践探索与经验模式

（一）以部门帮扶为抓手，助力脱贫攻坚

调研组在调研中了解到，大榜村联系帮扶单位为万山区人武部，自2015年以来，万山区人武部在大榜村村集体经济发展、结对帮扶、提升群众人居环境等方面，积极申请资金扶持，用项目带动贫困群众脱贫。大榜村依托人武部的帮助与支持，结合扶贫帮扶实际，因地制宜、因户施策，帮助贫困群众增强了发展意识和致富本领，开辟了新的致富渠道。

助力村集体经济发展。一方面，按照"科学规划，因地制宜"的原则，牵头制定了《大榜村产业发展总体规划》，改变以往农村传统发展模式，全力助推了产业脱贫。另一方面，通过"政府主导、全民参与、'支部＋'"的运作方式，建设了"长短结合"产业架构，集群化发展了香柚、精品水果、中锋养殖产业。万山区人武部驻大榜村工作队员罗骏说："我们从2015年开始帮扶大榜村发展产业，当时的产业基础非常薄弱，主要为西瓜种植，由于西瓜要休耕一段时间，就考虑再种植别的。现在我们发展了香柚、林下套种西瓜、精品水果和中峰养殖几大产业。"

积极开展结对帮扶。一方面，为62户贫困户建立台账，并按照"5321"结对帮扶工作要求开展帮扶；另一方面，在重要节假日对村里困难群众、困难党员进行走访慰问。罗骏说："我们人武部干部职工14人，不仅按照'5321'的要求，贯彻落实团职负责5户、营职负责3户、职工负责3户或2户，还主动加担与43户贫困户'结穷亲'，深入贫困村开展脱贫攻坚工作，每周走访贫困户不少于3天，并每月向党委报告工

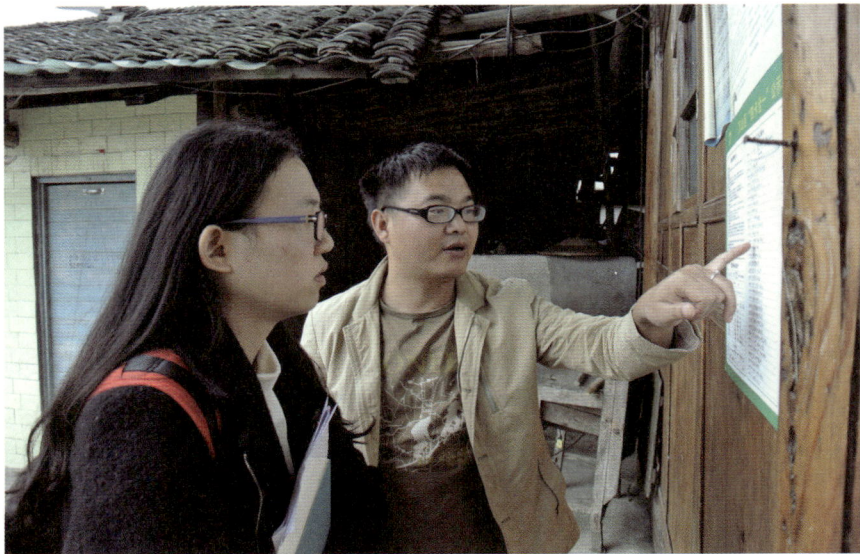

2018年10月17日，调研十二组了解大榜村脱贫户杨代银家庭情况。

作开展情况。"

提升群众人居环境。组织实施"组组通""饮水安全""五改一维一化""立面改造""危房改造""一事一议""户户用""美丽乡村示范带"等系列项目，有效提升了大榜村人居环境，改变了村容村貌。大榜村村民罗汉江说："我们大榜村得到国家很多项目的帮扶，现在大榜村的村容村貌焕然一新，路变宽了，房子变漂亮了，老百姓的笑容也更加灿烂了。"

（二）以"三带三帮"为引领，助推产业结构调整

大榜村按照"支部带领帮厘清思路，能人带头帮发展产业，入股分红带动帮增收致富"的"三带三帮"规划，积极调整产业发展结构。目前，大榜村产业结构调整已见雏形，初具规模。实现了户户有致富

产业，人人有增收门路。

支部带领帮厘清思路方面，大榜村党支部结合全村地形地貌，兼顾当前农户耕种习惯和意愿，制定了《大榜村村庄战略发展规划》，并将全村划分为传统作物种植区、经果林种植区、蔬菜种植区和养殖区四大板块，通过分板块集群化发展，实施"长短结合"产业，实现局部和区域统筹融合协调发展。王发洪说："目前传统作物以红薯、水稻为主，主要分布在苟楼溪以北区域；经果林以种植香柚、黄金李、高山刺葡萄、黄桃等精品水果为主，约800亩，分布在苟楼溪、横坡和三角丘片区；养殖区分布在架枧、楼上、龙塘、黄土坡等组，以养殖中华蜂、生猪为主，作为产业发展的'短'项目；蔬菜种植区在黄坡沿线。"

能人带头帮发展产业方面，大榜村鼓励村能人、致富带头人带头优先发展产业，引领带动示范。罗骏说："黄金李种植基地位于三角丘，由种植大户吴泽玉成立的进兴实业有限公司管理经营，另外有15户贫困户通过'精扶贷'入股参与其中。目前该黄金李基地已累计投入资金400余万元，种植黄金李10000余颗，约300亩。2018年夏末已实现示范创收，批发价为15元1斤，供不应求，示范带动作用已初显，已有部分农户准备种植。"

入股分红带动帮增收致富方面，大榜村采用"合作社＋基地＋农户"的运作模式，使农户与合作社建立了良好的利益联结机制，即农户用土地、资金和劳力等方式入股村集体经济专业合作社，合作社对农户土地实行保底分红，即在项目未产生效益之前，对农户土地实行定额补偿，项目产生效益后，农户参与分红。罗骏说："人武部与村集体各投入资金7.5万元，依托通达种养殖专业合作社经营管理，由群众和贫困户负责养殖，每个点50箱，合计200箱。中华蜂养殖利润按照"622"利益分配模式，2017年已给每户贫困户分红800元，带动50余户贫困户增收。"

（三）以"三干"＋"三用"为出发点，促进全面发展

大榜村在脱贫攻坚期，利用"苦干、实干、巧干"的"三干"精神和"用心、用情、用力"的"三用"要求，深入开展贫困户建档立卡、贫困户入户走访调查等工作，协调帮扶过程中遇到的困难和问题，赢得了脱贫攻坚阶段性胜利，有效助推了大榜村的全面发展。王发洪说："我们帮扶工作组在开展贫困户入户走访调查工作中，用汗水、口水、泪水换取了贫困真实情况，基础信息涵盖每户家庭'吃、穿、住、行、文、娱、旅、医、教'等方方面面，较为翔实地掌握了第一手的数据资料，为帮扶、脱贫打下了扎实的基础。"罗骏说："驻村工作队认真解决协调帮扶过程中遇到的困难和问题，把贫困户当作'亲戚'来对待，走访贫困户也就是走自家亲戚。小问题两天解决，大问题一周解决，让贫困户看得到帮扶过程及付出，享受到帮扶实惠，从而支持扶贫，参与扶贫，进而认可帮扶，最后达到军民一家亲的良好局面。"

四、存在问题及原因分析

调研组发现，大榜村目前存在的问题主要集中在产业发展方面，表现为"产业规模小，人才技术缺乏"。为此，调研组分析了制约大榜村产业发展的原因，主要有以下四个方面。

(一) 山地地形制约农业发展

大榜村为山地地形，地势较高，土地贫瘠，耕地稀少，是制约大榜村农业发展的客观原因。王发洪说："我们大榜是山地地形，人多土少。对整个贵州来讲，山地地区只能发展山地农业，而山地农业里面最主要是水田，我们这边人均基本口粮田不足0.5亩，远低于全国平均水平。"罗骏说："在大榜村里面走一走就会发现大榜村存在一个问题，就是这个村依山而建，山都比较高，因此产业要规模发展是比较困难的。"

(二) 产业发展内生动力不足

大榜村产业发展存在"小、散、弱"的特点，村民个体短期产业项目比村集体长期产业项目多，从而在一定程度上造成产业发展不稳定、内生发展动力不足的问题。王发洪说："我们村的村集体经济在种养殖这块的主观能动性其实要差一点，不像农民自己搞的酿酒和手工蕨粑等小生意，他们主动搞的，效果就要好一点、快一点，这种其实属于我们短期的项目。而我们的种植、养殖是长期性的，比如一个水果上市至少要三年，而前三年投入就比较大，需要投入大量人力、物力、财力，那么这三年就只能进行一些套种，而套种也不一定能成功。所以我们产业发展的内生动力还是不足，它的可持续性也还不稳定。"

(三) 农业种养殖缺乏技术支撑

目前，大榜村农业技术缺乏指导，农业技能知识更新较为缓慢，导致农业抗风险能力较差。以中华蜂养殖为例，由于缺乏进一步的培训和跟进指导，仅仅依靠农民自己的经验进行养殖，导致蜂蜜产量日渐下降。王发洪说："大榜村产业发展的规模和框架已经逐步搭建起来了，但是农产品的品质和质量还达不到要求，因为技术方面比较薄弱，技术服务跟不上。如我们养的蜂，很多都飞走了，就是技术达不到要求。精品水果的病、害虫防治也一样，还是技术得不到保障。所以在后期的帮扶中，在科技投入保障这块，我们还需要持续不断地保障起来。"罗骏说："大榜村的种植、养殖还是以村民个体为主，种植、养殖主要还是靠农民的经验，缺乏专业的技术指导与培训。养蜂技术的问题导致蜂蜜产量低，下一步在技术上面还要再请专业的人员来指导。"

（四）主导特色产业发展不强

大榜村虽然进行了农业产业结构调整，取得了令人欣喜的成绩，但特色产业种植规模还较小，标准化、规模化生产比例较低，农产品市场竞争力较弱，产品附加值不高，农业内部结构、种植结构、品种

2018年10月17日，调研十二组实地考察大榜村村居环境。

结构还有待进一步优化。大榜村党支部书记杨稳说："大榜村目前发展的主导特色产业为香柚种植和中华蜂养殖，但香柚种植与其他邻村相比，发展起步较晚，规模较小；中华蜂养殖由于技术问题，蜂蜜产量较小，未形成较大规模的产业发展。"王发洪说："产业发展这块我们还要发挥山地的资源优势，不能搞杂，否则会把我们有限的资源和有限的精力分散开。根据'一村一品'和'一村一特'，我们大榜确定的是养蜂和香柚种植，主导产业这块下一步应该是不会变的，因为毕竟养蜂投入了，香柚也种上了，下一步就是投入技术，提高产量，再把市场管理好。"

五、对策与建议

（一）因地制宜，发展生态型现代山地高效农业

针对山地地形制约大榜村农业发展的问题，一方面，大榜村可以走从传统农业转向现代农业、从单一农业转向融合农业、从低端农业转向高效农业的现代农业发展新路。另一方面，由于生态型现代山地高效农业具有科学化、集约化、商品化、产业化的特征，从大榜村所处的地理环境、资源优势、农业产业基础以及现行的农业生产方式来看，发展生态型现代山地高效农业是大榜村农业发展的最佳路径选择，不仅有利于大榜村农业产业的转型升级，还有利于农业的增效和农民的增收。[1]

---

① 施永斌、刘洪梅、陆晓娟、伍朝友:《普定县山地现代高效农业发展的实践与思考》，《产业与科技论坛》2018 年第 9 期。

（二）加强新型经营主体培育，完善利益联结机制

针对产业发展内生动力发展不足的问题，大榜村应加强新型经营主体培育，完善利益联结机制。一是加强农民专业合作社、农业龙头企业等新型农业经营主体的培育，发挥其对贫困人口的组织和带动作用，强化其与贫困户的利益联结机制，以提高资源利用率、劳动生产率、土地产出率。二是坚持种养结合、长短结合、地上地下结合，推进产业项目生产规模化、质量标准化、市场网络化发展。三是打造农业全产业链，支持发展农产品加工业，加快第一、第二、第三产业融合发展，把分散、小规模的农户组织起来，更多分享农业全产业链和价值链增值收益。

（三）加强农业科技人才建设，加强农民技能培训

针对大榜村农业种养殖缺乏技术支撑的问题，一方面，应加强农业科技人才培养，加大农业专业人才的引进力度，采取有效的激励措施，确保农业专业人才引得进、用得上、留得住。同时，还需要建立绩效考核制度，科学合理地评价农业工作人员的绩效，提高他们的职业技能和经营管理水平。另一方面，应加强科技下乡，采用现场指导培训农作物种植栽培、畜牧养殖及管理技术的方式，加强对农民技能的培训，培育新型农民。

（四）围绕产业特色化发展，做强做大做优特色产业

针对大榜村主导特色产业发展不强的问题，大榜村应充分利用现有的基础资源、独有的区位优势，围绕特色化，以市场为导向、以农民增收为目标，因地制宜地发展特色产业。一是选准产业，合理规划

布局特色农产品基地，深入实施"一村一品""一村一特"产业推进行动，扶持建设一批贫困人口参与度高的特色农业基地。二是扩大种植规模，提高优质特色农产品供给能力，充分发挥大榜村中华蜂养殖和香柚地方特色产品的优势，打造特色品牌。三是加快发展特色农产品加工业，引进、培育一批农产品加工领军企业，促进初加工与精深加工协调发展，提高产品附加值，实现以工促农，推进特色农产品产业基地建设。

（五）培育农产品现代流通主体，提高流通组织化程度

大榜村地处两省交界地带，交通区位优势明显，应当借助区位优势，建立产销衔接机制，平衡供需关系。一是织密产销网络，加快引进和培育各类农产品加工龙头企业，创新发展"合作带动、订单农业、土地流转、企农共建"的利益联结机制，大力发展订单农业，形成香柚、蜂蜜等特色产业种养和产供销一体化经营体系。二是加强各类农民专业合作组织发展，充分发挥合作组织"内联基地、外联市场"的桥梁纽带作用。三是加大对农产品生产和流通技术设施建设的财政支持力度，扶持参与产销对接的超市、农产品加工企业等物流配送中心、冷链系统等设施建设，促进农产品流通效率的提高。

参考文献

1. 万山区人武部大榜村工作组：《黄道侗族乡大榜村转型可持续发展调研报告》，2018。

2. 万山区人武部：《万山区人武部"军民融合＋脱贫攻坚"工作情况总结》，2018。

3. 大榜村党支部委员会、大榜村村民委员会：《大榜村产业发展概况》，2018。

4. 大榜村党支部委员会、大榜村村民委员会：《黄道侗族乡大榜村基本情况简介》，2018。

5. 罗骏：《黄道侗族乡大榜村2016—2018年驻村工作总结》，2018。

6. 罗骏：《2016年黄道侗族乡大榜村扶贫攻坚工作开展情况汇报》，2016。

7. 铜仁市人民政府发展研究中心：《"湘黔门户"记——万山区黄道侗族乡大榜村调研纪实》，2018。

8. 国务院扶贫开发领导小组办公室：《脱贫攻坚政策解读》，党建读物出版社，2016。

9. 姜长云：《乡村振兴战略：理论、政策和规划研究》，中国财政经济出版社，2018。

10. 中共中央、国务院：《关于乡村振兴战略规划（2018—2022年）》，国务院新闻办公室网站，www.scio.gov.cn，2018。

11. 施永斌、刘洪梅、陆晓娟、伍朝友：《普定县山地现代高效农业发展的实践与思考》，《产业与科技论坛》2018年第9期。

城市里出现一只飞鸟都变得如此珍贵，它们却在乡间肆意漫游、嬉戏、打盹，尽情享受人间难得的好时光。

一粒种子，无意间掉落，却长成一棵四人合抱的参天大树，不知过了几百年，树下的人与物早已在岁月的长河中历经了几轮更迭，唯有它，智者无言，静看轮回。

　　勤劳的身影，质朴的笑脸，丰收的喜悦，他们在岁月中几番磨难，脸上满布沟壑，却依然传递着心底最柔软的温暖。

打通村组"经络"
畅通"精神渠道"

——白屋场村调研报告

    2018年10月20~21日,铜仁市万山区转型可持续发展大调研第十二组成员严旭、易康宁深赴黄道侗族乡(以下简称"黄道乡")白屋场村开展调研工作。调研以召开座谈会、专访、入户走访和实地考察的形式展开。调研期间,调研小组首先就白屋场村基本概况、特色优势、产业发展、精准脱贫等情况与现任第一书记杨光勇、前第一书记张磊、白屋场村支部书记姚茂春、村主任罗洪犬、村委会委员兼会计田兴文、前支书罗洪坤开展座谈,并对杨光勇、张磊、致富带头人罗洪犬、田兴文和罗进军进行了深入访谈。实地考察了香柚苗圃种植基地、苎麻种植基地和泥鳅水产养殖基地,走访了罗洪禹(男,46岁)、刘竹香(女,59岁)、杨娟(女,28岁)、田兴文(男,50岁)、罗洪坤(男,69岁)、罗洪芹(男,74岁)、罗洪言(男,56岁)、罗洪土(男,43岁)、姚顺弟(女,58岁)、刘沅(女,33岁)等村民。通过调研,调研小组发现白屋场村以"公司+合作社+精准扶贫户"模式,充分利用特色自然资源、人文资源、土地资源,深度挖掘历史文化资源,推动乡村旅游开发，带动特色种养殖产业长效发展。现形成调研报告如下。

一、基本概况和历史沿革

白屋场村位于贵州省铜仁市万山区黄道乡西南部，东接田坪村，南通湖南大湾罗乡，西连高楼坪乡龙田村，北通丹阳村，距黄道乡人民政府6.1公里。白屋场村属于喀斯特地貌，平均海拔450米，地貌山高谷深，地势西高东低，群峰挺拔，山峦重叠，属于亚热带湿润季风气候，雨量充沛，年降水量为1200~1400毫米，相对湿度80%；同时，受云贵高原地形影响，全村气温季节变化较大，四季分明，日照时数1212小时，无霜期在280天以上，适宜多种农作物生长。[①] 全村总面积11.1平方公里，其中耕地面积848.3亩，辖鸭泥冲组、黄土坳组、细龙寨组、岩龙坳组、打谷平组、细路冲组、岩路冲组、桐油湾组、白屋场组、聂家冲组、黄岩冲组、庙湾组等12个村民组，共379户、1691人，党员20名、村干部12名。白屋场村的民族构成[②] 主要有侗族、汉族、苗族，侗族占总人口的93.5%，罗姓是全村的主要姓氏。脱贫攻坚开展之初，白屋场村被评定为一类贫困村，后于2016年成功出列，其间村内设有一个驻村工作队，共有驻村干部9人，"5321"结对帮扶干部23人。2014~2017年，全村共建档立卡贫困户102户、352人。截至2017年，村中未脱贫4户、12人，全村贫困发生率是0.77%。[③]

在以"五改一化一维""户户通"等为主要内容的农村人居环境

---

① 资料来源：《黄道乡白屋场村基本情况汇报》。
② 民族构成：是指不同民族的人口数量在总人口中的比例关系，通常以百分数表示。
③ 资料来源：《白屋场村脱贫攻坚工作开展情况报告》。

表1 白屋场村脱贫情况

年份	脱贫户数（户）	脱贫人数（人）
2014	3	17
2015	11	52
2016	61	206
2017	23	65

数据来源：《白屋场村脱贫攻坚工作开展情况报告》。

改善工程项目中，白屋场村共完成346户村民居住环境改造，其中改厨309户、改水206户、改厕257户、改圈67户，房前屋后硬化219户约9500平方米，房屋维修32户，实施农村危房改造104户。[①] 全村12个村民组共设立15个垃圾收集点。2018年，为保障村民用水，白屋场村大力实施安全饮水工程，为4个村民组集中新建蓄水池及水源取水池。同时，白屋场村大力推进广电云"户户用"项目，让全村379户全部连通网络，初步建立起一个让村民得到更多实惠的农村广播电视公共文化服务体系，农村文化权益有了新保障，村民文化生活迈上一个新台阶。

白屋场的祖上由江西迁徙而来，此地原名炮屋场，传说一个名叫罗景的人来到此地，见该地环境和地形十分适宜居住，于是在一棵白果树下用土筑墙，毛草盖顶，挖土开田，种粮生活。年复一年，土屋墙壁经风霜雪染逐渐变为白色，因此后人改称此地为"白屋场"。如今，这棵白果树高约30米，树干需四人合抱，枝叶覆盖方圆五六十米，是黄道乡树龄最大的白果树。[②]

---

① 资料来源：《白屋场村脱贫攻坚工作开展情况报告》。
② 资料来源：《黄道乡白屋场村基本情况汇报》。

二、基础条件和特色优势

(一) 打通村组"经络",完善基础设施建设

白屋场村按照"依据流量,确定标准,因地制宜,适度超前"的原则,以"路基稳定,排水畅通"为基本要求,实施"组组通"公路建设项目,疏通乡村公路的"毛细血管",把"组组通"公路作为产业发展的助推器,助力脱贫攻坚。在实际建设中,白屋场村根据原有道路设计路线走向,充分利用老路改扩建,避免大改大调、大填大挖,基本没有新增用地。对村的路型、路线走向和技术标准进行了合理分类和规划设计。2014年以来,全村共新建5条公路,由原来6.7公里的通组泥路扩展为17公里的硬化公路,特别是修通细龙寨组至打谷平组的公路后,白屋场村委会到黄道乡政府的车程距离由原来的6.1公里缩短到4公里。通村、通组道路的建设,为农村经济发展提供了动力。一是助推农业产业结构调整。公路建设改善了白屋场村交通运输条件,使农村经济得以从传统农业向以市场为导向的高附加值农业转变,助推农业产业结构调整,实现农村经济全面发展。同时,公路建设是完善公共服务设施的重要环节,为乡村旅游开发提供发展动力。二是推进城镇化建设。公路建设改变了村民的出行方式,提高了出行的舒适度和安全性,加快了农村客运市场的发展,基本上满足了村民"走得了、走得快、走得好"的出行要求,为加快城镇化进程提供交通运输支持。三是助推精神文明进步。基础设施建设加快了信息传播和对外交流,转变了村民的生活方式和思想观念。乡村公路不但将水泥路通到家门口,也将文明新风带到家门口,村民精神面貌发生巨大变化,乡村社会文明程度明显提高,打通了乡村振兴的"精神渠道"。

（二）旅游资源丰富，乡村旅游前景光明

白屋场村环境优美、山环水绕，拥有丰富的自然资源和人文资源，乡村旅游发展潜力较大。自然资源方面，一是全村森林覆盖率高达69%，林地资源丰富，不仅是黄道乡重点林区村，还拥有黄道乡树龄最长的白果树；二是境内太阳辐射[1]年平均值为3349~3768.1MJ/m²，属于全国太阳辐射低值区、省内中值区，夏季温度宜人，是炎炎夏日避暑的好选择；三是拥有地下溶洞、露天温泉、瀑布等自然景观。人文资源方面，白屋场村不仅坐拥千年悬棺、燃灯古寺、抗匪工事遗址等独具特色的历史文化资源，还有香柚种植基地、苎麻种植基地和泥鳅养殖基地等有利于发展农旅一体化的产业支撑。

（三）产业发展有基础，是黄道集体经济示范点

2016年，贵州省铜仁市万山区按照"示范带动、规范提高、分类指导、整体推进"的思路，在全区范围内选取了8个行政村作为集体经济示范点[2]进行精心打造。白屋场村作为黄道乡入选的行政村，将丹香柚苗圃发展作为主导产业，以示范点的带动作用，助力全乡打赢脱贫攻坚战。

自然优势突出，是发展丹香柚产业的不二选择。白屋场村多山地、丘陵，土地资源丰富，其中宜开垦荒山面积达1000余亩。境内坡度较

---

[1] 太阳辐射：是指太阳以电磁波的形式向外传递能量。2017年10月27日，经世界卫生组织国际癌症研究机构公布的致癌物清单初步整理，太阳辐射在一类致癌物清单中。

[2] 铜仁市万山区8个集体经济示范点分别是：谢桥街道龙门坳村、茶店街道尤鱼铺村、鱼塘乡旗屯村、下溪乡瓦田村、大坪乡瓮岩村、黄道乡白屋场村、敖寨乡中华山村和洋世界村。

2018年10月21日，调研十二组实地考察白屋场村致富带头人罗进军的水产养殖基地。

缓，土质较好，土壤呈黄褐兼沙性，土壤 ph 值为5.0~5.8，多呈中性和微酸性，有机质含量高，土壤结构[①]优良，宜种性广。村域内有一条宽约5米的溪流由东南向西北穿过，途径黄土坳组、鸭泥冲组、细龙寨组、岩路冲组、白屋场组、庙湾组和黄岩冲组，水源丰富。优质的水土条件搭配适宜的气候，使白屋场村成为香柚种植适宜区，种植的香柚肉质饱满、水分充足、清香四溢，果实品质远超香柚的引入之地湖南怀化。截至2018年，白屋场村已投入资金100万元，成功搭建70亩丹香柚苗圃基地，培育20万余株丹香柚苗，下一步计划是打造100亩丹香柚苗圃示范基地。

---

① 土壤结构是土壤固相颗粒（包括团聚体）的大小及其空间排列的形式，不仅影响植物生长所需的土壤水分和养分的储量与供应能力，而且左右土壤中气体交流、热量平衡、微生物活动及根系的延伸等。

工作机制完善，丹香柚产业发展有保障。一是由乡党委政府牵头，制定产业发展规划，借助土地流转、扶贫开发、农业技术推广等政策和项目，统一对白屋场村闲置用地进行集中流转。二是围绕"找好一条路子、带好一支队伍、建好一套制度、打好一个基础"思路，按照"党支部＋村集体经济＋合作社＋贫困农户＋基地"模式，成立由乡长担任组长、村主任担任副组长、村班子其他成员和驻村干部为小组成员的丹香柚苗圃基地建设领导小组，形成"一级抓一级、层层抓落实"的有效机制。三是根据区位情况，结合实际，划分全村"责任田"，按照"党组织＋合作社＋农户＋贫困户"模式，通过土地入股、技术入股、资金入股等多种方式，积极组建专业经济协会和多层次合作社。

资产管理规范，丹香柚产业发展有支撑。一是建立健全村级集体资产管理制度，坚决制止和查处平调集体资产行为，实行市场化运作，不断提高资产保值增值水平。加强对村级"三资"（资产、资源、资金）的清理、登记、管理，建立"三资"台账。二是建立健全村级财务收支预决算制度，严格收支审批，努力控制非生产性开支。完善村账"双代管"制度，规范代管手续。三是建立健全村级集体经济民主决策机制，全面推行村级重大决策"1+5"工作机制。以村民为主成立监督委员会，对村级集体资产的运营情况进行监督。

三、实践探索和经验模式

（一）多元模式助推集体经济发展，树立黄道产业发展"风向标"

白屋场村以"公司＋合作社＋精准扶贫户"的模式，充分利用自然资源、土地资源，形成了以香柚种植产业为龙头、生态苎麻种植和泥鳅特色水产养殖为骨干的多元化村集体经济发展体系。为解决贫困户无资金、无技术等问题，白屋场村2016年成立了香柚苗圃专业合作社，将30万元扶贫资金以户为单位入股，此外还筹集14万元作为村集体资金，以股份形式投入苗圃基地，确保贫困户有稳定收益，并不断壮大村集体经济。2017年，白屋场村香柚产业初见成效，102户精准扶贫户每户分红1000元，共分红10万余元。白屋场村民从最初销售湖南怀化的柚子，发展到现在自产自销，不仅让本村村民收益，还带动了周边田坪村、大榜村、力坳村、长坳村、龙江村等发展香柚产业。为此，万山香柚产业发展得到了《贵州新闻联播》的关注，数次登上银幕，特别是2018年1月10日《贵州新闻联播》头条对万山香柚产业的发展进行了报道。

白屋场村主任、致富带头人罗洪犬介绍说，"虽然白屋场村曾经发展'铁扫帚'村集体经济项目失败了，但我们总结经验教训，重新部署规划，按照'公司＋合作社＋精准扶贫户'的发展思路，引进多个品质优良、竞争优势明显的新产业，引导贫困户发展特色种养殖业，在帮助他们脱贫致富的同时，村集体经济规模也在不断发展壮大，还带动周边村子纷纷加入，发展我们引进的特色产业，如今白屋场村的产业发展可以说是黄道的'风向标'。"

(二) 多重价值带来经济生态双效益，打造苎麻绿色生态产业链

以白屋场村鸭泥冲组为中心，大片土地上栽种着一株株身姿挺立、叶片舒展的绿色植物，清风吹过，掀起一片片绿色的海洋，"这是我们村的苎麻种植基地，也是黄道乡目前唯一的苎麻种植基地。"白屋场村会计兼苎麻种植基地管理者田兴文说，"苎麻不仅产量高、

盈利快，更重要的是它可以'吸收'土壤里的残留汞！"白屋场村的苎麻种植产业属于铜仁市万山区的土地污染治理项目。20世纪万山汞矿开采造福当地的同时，"三废"也给环境带来了较大破坏，黄道乡位于汞矿下游，河道流域两旁的土壤汞污染是当地生态修复的重点和难点。为开展汞污染土壤修复项目，万山区政府邀请了国内三家从事重金属污染研究、治理的机构进行比较试验，来自湖南省益阳市的西施生态科技股份有限公司（以下简称"西施生态"）就是其中一家受邀机构。西施生态是一家集矿山生态修复、重金属污染治理、矿山修复苗木培植与销售于一体的高新技术企业，由它牵头组建的湖南省矿山生态修复工程技术研究中心是我国矿山生态修复领域的"领头羊"。通过实地走访和取样调研，西施生态决定在白屋场村打造以苎麻种植为主导的生态修复与精准扶贫示范区。正如田兴文所说："选择苎麻，一方面它是我国特有的以纺织为主要用途的经济农作物，具有极高的经济价值；另一方面它还是一种根系发达，生长迅速，耐干旱、耐重金属毒害、耐贫瘠，改土效果明显的乡土植物，具有极高的生态修复能力。"

发展苎麻产业，助力脱贫攻坚。2018年6月，西施生态提供麻苗、种植技术和人才支持，白屋场村开始发展苎麻产业，目前全村共种植苎麻102亩。苎麻的种植大力推动了土地流转，村民以每亩700元的价格将土地流转给西施生态，提高了土地的利用率及农民收益。同时，在苎麻施肥、除草和收割的农忙时节，西施生态聘请贫困户到种植基地务工，每人每天可有100元收入。"原麻产量每平方公顷可达2850~3450千克，目前，原麻低价位状态下每亩原麻收入在2000~3680元，加上麻骨、麻叶和麻壳的综合利用，每亩苎麻的收入可以达到

4000元以上。"田兴文仔细算着这笔"苎麻账"，并表示一旦苎麻种植产生效益，将为白屋场村经济发展贡献不可估量的力量。

选择绿色发展，推进生态修复。作为荨麻科，苎麻属亚灌木或灌木植物，苎麻生命周期长，具有较庞大的根系，一旦定植成功可以较长期地保护土壤免受侵蚀；同时，苎麻对锰、锌、铜、铬、汞等元素的吸收量较大，对多种重金属有较强的耐受性和富集能力，能修复被多种重金属复合污染的土壤。根据西施生态的实验数据，通过高耐高富集苎麻品种配套吸镉调控技术，连续种植苎麻5年左右可以使土壤恢复到本来的清洁标准。"以前外界对万山'谈汞色变'，现在我们通过种植苎麻，既能脱贫致富，更能保护生态，也是对习总书记'坚持绿水青山就是金山银山'理念的一种贯彻了！"陪同调研的白屋场村第一书记杨光勇如此说道。

（三）多项政策留人才，"乡贤经济"助力脱贫攻坚

乡贤文化是乡村文化的核心内容之一，是教化乡里、涵育乡村文明的重要精神力量。乡贤包括耕读故土的贤人志士、德高望重的基层干部、有口皆碑的模范人物、反哺桑梓的业界精英以及愿意为家乡发展建言献策和出钱出力的社会各界人士。白屋场村的乡贤代表是一群返乡就业的省外务工人员。从2016年以来，白屋场村陆续出现外出务工人员返乡就业现象，至2017年达到高潮。这期间，总共有15位长期在省外务工的人员返乡就业，形成了白屋场村的"返乡潮"。白屋场村第一书记杨光勇介绍，"村里好几栋新建民房都是返乡村民修建的，一开始他们修建的是自家房子，其他村民看到他们的手艺后就雇用他们修房子，眼看村内能有稳定的就业机会，这些人就留了下来。除了从

2018年10月20日，调研十二组访谈白屋场村监委会主任、退休教师罗洪芹。

事民房修建，他们在脱贫攻坚期间还参与承包了村内多处'五改'工程项目。以前白屋场村每年的省外务工率都在30%以上，目前村内的省外务工率已经降到了20%。"

同时，为改变"空心村"现状，白屋场村充分发挥"亲情、乡情、友情"的情感纽带作用，激发赤子情怀，感召游子返乡，大力实施"本土人才回归 助力乡村振兴"工程，优化人才发展环境，搭建干事创业平台，积极完善支持各方人才参与乡村振兴的政策体系，全力疏通人才向农村流动的发展渠道。每年过年，白屋场村都会组织外出务工人员举行座谈，向他们介绍全乡近年来在完善基础设施建设、改善民生、保护生态、发展特色产业等方面所做的工作、取得的成效和存在的困难，并宣传当前精准扶贫等重点工作的政策举措，激发在外成功人士的回乡创业热情，带动当地群众脱贫致富。"我就是听了座谈会上的宣讲才回乡开办了这个服装厂。"2017年9月，白屋场村鸭泥冲组的罗仁林离开浙江回乡创业，利用手头积蓄和在制衣厂累积的经验，成立了铜仁市万山区邦美森服装有限公司，公司集生产、加工、销售于一体，主要加工制作校服和休闲服，成品销往浙江。"公司成立至今，已成功带动村内40多人就业，还有12家贫困户凭'精扶贷'入股公司，实现了分红增收。罗仁林的服装公司已成为黄道乡助力脱贫攻坚、解决本乡剩余劳动力再就业的典型代表之一。"白屋场村前第一书记张磊介绍说。

此外，借助"九丰农业＋"模式和"精扶贷"帮扶政策，身患残疾的白屋场村白屋场组村民罗永庆从湖南省新晃县返乡创业，于2017年发展了10余亩大棚蔬菜产业，如今大棚内白菜、西兰花、红菜苔、生菜等多个品种长势良好。"虽然我是贫困户，但也不能有'等靠要'的思想，只有发展生产才能致富，政府又有好政策可以'借东风'，所以我做起了自己的大棚蔬菜种植。下一步，我还打算养猪、养牛和养羊，希望凭借双手脱贫致富奔小康。"罗永庆说。身残志坚的罗永庆已成为白屋场村远近闻名的脱贫"斗士"。

四、存在问题及原因分析

通过调研，调研小组发现白屋场村虽然在发展村集体经济产业方面取得了一定成效，但产业发展短板依旧明显，主要表现在缺乏长远规划、缺失品牌化观念，部分贫困人口观念陈旧、科技意识不强、缺乏内生发展动力，乡村旅游资源有待开发等。为此，调研小组重点就制约白屋场村发展乡村旅游的具体原因进行了如下探讨。

（一）缺乏对旅游资源的开发和保护意识

白屋场村拥有众多特色鲜明的自然和人文资源，但目前没有进行充分有效的挖掘和利用，造成了资源浪费与闲置。以白屋场村独有的、全黄道乡树龄最长的白果树为例，它拥有白屋场村村名来源的文化背景和传说内涵，是白屋场村历史发展的见证，万山区林业局也对其进行了树龄认证并建档立案，但白屋场村并未采取任何有效的古树保护措施。正如白屋场村前支书罗洪坤所说："我们没有规划古树保护区，没有聘请专业人员进行古树养护，也没有制定古树保护条约。"由此可见，白屋场村缺乏对自然资源、人文资源的保护与开发意识，是阻碍乡村旅游发展的重要原因之一。

（二）配套基础设施有待完善

白屋场村虽然坐拥多处自然和人文景观，但由于基础设施薄弱，如何前往观赏与感受其魅力却是一大难题。一是白屋场村内前往燃灯古寺的唯一一条主干道是蜿蜒曲折的原始山路，未实现道路开发，山高路远，单程行走加爬山至少需要40分钟，安全风险系数高，观赏体验感亟须提升。二是村内没有公共交通工具，进出只能依靠私家车和摩托车，交通便利度还需进一步提高。三是村内尚未规划和建设有规模、成体系的专业农家乐，停车场、娱乐场所、饮食、住宿等基础配套跟不上，使得香柚采摘、泥鳅垂钓、苎麻观赏等农村体验式活动只能停留在规划阶段。

（三）项目实施资金筹集相对困难

乡村旅游的投资回报率具有阶段性特征，初期投入大、收益慢，只有到了中后期才会有回报。白屋场村的乡村旅游开发正是处于资金投入的初期阶段，特色文化资源保护、人才的对内培训和对外引进、配套基础设施建设以及项目宣传都需要持续稳定的资金扶持。白屋场村前第一书记张磊表示："上级部门并未将乡村旅游开发项目纳入地方发展预算，以村级名义对外实行乡村旅游项目招商引资的可行性也较低。"此外，白屋场村的特色村集体经济产业项目虽有创收，但数额有限，并且收益波动较大，无法依靠村集体经济为乡村旅游脱贫项目提供长期稳定的大额投资。

（四）乡村旅游专业人才相对缺乏

由于乡村旅游的开发和研究大多处于初级阶段，从事乡村旅游的专业人员相对较少，乡村旅游从业人员也普遍缺乏系统有效的定期专业培训。在实际的乡村旅游建设中，乡村旅游的管理人员或是由村干部兼任，或是由本地村民担任——村干部身兼数职工作繁忙，容易顾此失彼，无法有效推动乡村旅游发展建设；本地村民由农耕直接转行从事乡村旅游，缺乏相匹配的专业知识和技能，也无法实现乡村旅游的长远发展。此外，白屋场村依然存在"空心村"现象，大量缺失有知识储备和有学习能力的青壮年劳动力，留守村内的贫困群众普遍缺乏谋求发展的长远眼光及意识，短时间内看不到经济效益就会降低学习积极性，导致乡村旅游脱贫项目停滞不前。

"如果村里要发展乡村农家乐，那游客可以来我这里体验钓泥鳅、喂泥鳅、吃泥鳅的'一条龙'娱乐项目，不过我只能提供场地和帮忙打下手，像管理、培训、厨师类的专业人员还得专人专聘。"1990年出生的罗进军既是白屋场村返乡务工的年轻代表，也是白屋场村泥鳅特色水产养殖基地管理者，他认为，特色乡村旅游会是一块吸引年轻生力军返乡创业的"大磁铁"，而这些"新鲜血液"也会成为推动全村乡村旅游发展的新人才。

五、对策与建议

（一）充分挖掘和保护资源，打造乡村特色文化

一是由村党组织牵头组建文化资源保护小组，系统梳理村内独具特色的自然和人文资源，依据不同资源的特点和旅游开发可行性划分保护等级，形成有据可查的电子资料汇编。二是依据资料汇编，统筹规划，对生态环境和文化遗存采取有针对性的保护型开发建设，注重资源保护，突出乡土味道，体现农村特点，保留民风民俗，让白果树、燃灯古寺、抗匪工事遗址等传承历史文化脉络、体现乡土文化内涵的自然与人文资源"养在深闺有人识，藏在山间有人品"。

（二）完善村庄规划，加快旅游配套基础设施建设

将乡村旅游脱贫项目与乡村振兴战略建设融合推进，按照乡村建设与旅游开发协调发展的原则，加快乡村旅游配套基础设施建设，持续保障财力、人力、物力的投入，稳步推进农村水、电、路、房、地的综合治理和建设，积极开展农村生产生活垃圾和污水无害化处理。积极打造高素养、有特色、安全整洁的专业化农家乐，提升乡村旅游文化品位，实现乡村旅游特色化、专业化、标准化、规范化发展。

（三）拓展融资渠道，实现项目资金来源多元化

正视乡村旅游发展初级化、投入不足、经营模式单一等问题，按照"多渠汇流"原则，研究乡村旅游投融资发展趋势和规律，不断扩大乡村旅游融资渠道。一是争取国家政策支持，通过上级政府加强与金融机构的合作，加大乡村旅游项目的对外招商引资力度。二是因地施策，制定有利于乡村旅游的具体政策，搭建投融资平台，充分挖掘民间资本，吸引社会资金，调动社会各界参与乡村旅游建设的积极性。三是继续实施集体经济强村工程，全面推进香柚产业，打造苎麻绿色生态项目，不断壮大特色水产养殖规模，建立多元化利益联结机制，保障村集体资金持续稳步增长，将收益以股份形式投入乡村旅游开展建设。

（四）搭建乡村旅游人才网，提升人力"造血"机能

一是乡村旅游与村民自身息息相关。村党组织要加强宣讲，大力普及依靠乡村旅游脱贫致富的可行性和优势所在，以村民喜闻乐见的方式对乡村旅游的部署规划和发展政策进行说明。一方面充分激发村民的内生发展动力，另一方面留住年轻力量外出务工的脚步，发挥"乡贤效应"助力乡村旅游建设。二是成立乡村旅游建设领导小组，实施规范化管理，加强本地从业人员的素质培训，组织人员前往其他省市的乡村旅游示范点进行考察学习，总结成功经验并因地施策，利用各种方式培养本地乡村旅游人才。三是与专业院校合作，完善人才引进政策和发展环境，与相关院校开展"订单教育"，围绕本村特色和乡村旅游发展规划，有针对性地培养乡村旅游人才。

参考文献

1. 黄道侗族乡人民政府：《黄道乡白屋场村基本情况汇报》，2018。
2. 杨光勇：《白屋场村脱贫攻坚工作开展情况报告》，2018。
3. 杨光勇：《2018年驻村工作总结》，2018。
4. 白屋场村村民委员会：《白屋场村集体经济示范点开展情况》，2018。
5. 白屋场村村民委员会：《白屋场村"返乡潮"相关资料》，2018。
6. 贵州地矿测绘院：《万山区黄道侗族乡白屋场村乡村旅游脱贫项目可行性研究报告》，2016。
7. 赖远武：《全国首个矿山生态修复产业研究示范基地在湖南成立》，凤凰网，http://sn.ifeng.com/a/20171016/6070025_0.shtml，2017年10月16日。
8. 王建武：《铜仁市万山区：精心打造8个集体经济示范点》，搜狐网，http://www.sohu.com/a/84043152_315677，2016年6月17日。
9. 陈玉祥、李中迪：《"中国汞都"万山区大力修复生态环境》，中国贵州网，http://www.chinaguizhou.gov.cn/system/2014/04/10/013380505.shtml，2014年4月10日。
10. 湖南省质量技术监督局：《矿区废弃地植被恢复技术规程》，2015。
11. 铜仁市万山区转型可持续发展大调研组：《将"资源优势"照进"发展现实"——万山区黄道侗族乡白屋场村调研纪实》。

每年秋分，最美不过山间黄灿灿的香柚。凝结着农民辛勤的汗水，那是农民的劳动果实，甜过世间万物。

故乡是一幅写意山水画。

青砖绿瓦，门前寒露青草。

茅檐低小，屋内声欢语笑。

锃亮的白墙，干净的灶台；

崭新的木屋，保存完好的农用工具；

都是对社会主义最好的礼颂。

以产业规模化经营为抓手
打造绿色蔬菜品牌

——龙江村调研报告

2018年10月17~19日，铜仁市万山区转型可持续发展大调研十二组成员谢思琪、刘珮琪赴黄道侗族乡（以下简称"黄道乡"）龙江村展开了为期3天的调研工作。调研期间，调研小组在龙江村村民委员会会议室与黄道乡党委委员、人武部部长、政府副乡长龙兴，龙江村党支部书记肖磊，村委会主任刘泽柳等主要村干部开展座谈，并深度访谈了龙江村驻村干部张横，党支部委员、致富带头人彭再均，前龙江村脱贫攻坚工作组常务副组长、现丹阳村第一书记刘远学。同时，调研小组还实地考察了龙江村大棚蔬菜示范基地、龙江水库、中洞水库和高山刺葡萄园基地，走访了刘远合（男，44岁）、肖爱华（女，68岁）、周吉田（男，84岁）、肖宗有（男，51岁）、彭钟喜（男，36岁）、肖磊（男，40岁）、刘泽鹏（男，61岁）、杨桂菊（女，54岁）、刘进（男，34岁）、刘泽能（男，43岁）等村民。通过调研，形成调研报告如下。

一、基本概况及历史沿革

龙江村位于黄道乡西北部，距乡人民政府3公里，距万山区中心城区约38公里，平均海拔450米，地貌山高谷深，地势西高东低，群峰挺拔、山峦重叠。龙江村全村面积共11.2平方公里，拥有自然村寨1个，耕地面积886亩，其中田地560亩、土地326亩，人均占有耕地为0.5亩。龙江村境内耕地以坡耕地为主，多为滩涂瘀泥，水田主要分布在阳桥和青溪片区溪流两侧，森林覆盖率达60％以上。由于土壤肥沃，适合种植蔬菜，所以龙江村村民大多掌握了相对成熟的蔬菜种植技术。龙江村境内辖电边、白沙井、田坝、拓里、杉木湾、元木湾、板栗坪、达子冲、河坪、金星田、半坡、枫木懂、大龙、青溪、洞老上、苗冲、新屋、大坡老、坡脚、炮楼坡等20个村民组，全村人口2146人，以侗族为主，主要有刘姓、肖姓、田姓和杨姓人家。龙江村现有党员62名，外出务工人员320名，60岁以上老人有286名，90岁以上老人2名，其中"三无"（无劳动能力、无收入来源、无子女赡养）老人共12户。2016年末，龙江村贫困发生率为1.26％，有贫困户104户、340人。[①] 2017年退出贫困村行列后，龙江村驻村干部仅剩来自铜仁市万山区国税局的张横。当前，龙江村支书为肖磊，村委会主任为刘泽柳，村监委会主任为刘泽鹏，均为2016年选举产生。

龙江村由原阳桥、青溪两村合并而成。20世纪60年代初，青溪、阳桥两地隶属于阳桥大队，1962年后剥离为阳桥大队和青溪大队。阳桥大队耕地面积500亩，共有8个生产队600余人，主要分布在现半

---

① 数据来源：龙江村河长公示牌。

坡、金星田、枫木懂、河坪、板栗坪等地。青溪大队耕地300多亩，共有5个生产队400人左右，主要分布于现在的坡脚、新屋、大坡、苗冲、青溪、塘龙、架枧冲等地。1971年到1976年，阳桥大队隶属于万山镇，后来又划属黄道乡。随着社会变革，阳桥大队和青溪大队更名为阳桥村和青溪村。2005年撤并村政策实施后，两村正式合并，因其境内有一座名为"龙江"的水库而得名"龙江村"，一直沿用至今。

二、基础条件与特色优势

（一）地处黄道门户，区位优势明显

龙江村地处黄道乡西北部，万湖公路穿村而过，与万山镇、高楼坪乡接壤，距离万山镇10.8公里，仅需10余分钟车程即可到达。龙江村突出的区位优势，在其发展过程中起到了关键作用。20世纪七八十年代，万山汞矿兴盛时期，龙江村曾专门划出一个蔬菜基地为汞矿职工提供蔬菜，是万山区名副其实的"菜篮子"。此外，由于龙江村特殊的区位优势，村内做生意的销售散户及种植蔬菜、瓜果的种植大户众多，村民主要经济来源渠道丰富，所以龙江村历来都是黄道乡发展较好的村庄之一，村民生活水平相对较高，经济条件宽裕。

（二）水利设施完善，保障经济发展

龙江村境内有两个水库，即龙江水库和中洞水库。龙江水库修建于1976年，是一座以灌溉为主，兼具防洪功能的小（一）型水库，1986

年5月正式蓄水交付使用。龙江水库距黄道乡6公里，有万山至芷江公路通过。距水库坝址1公里，坝内有简易公路通往坝址，交通较为方便。该区域内为冲沟发育地形，呈低山丘陵溶蚀地貌，库区内植被保存较好，周围环境优美。

中洞水库位于万山区黄道乡龙江村青溪河上，属于小（一）型水库，正常蓄水位497米，死水位483米，水库总库容132万立方米，兴利库容90万立方米。其中，农业灌溉供水158.9万立方米，灌溉范围为万山区黄道乡的龙江、丹阳、田坪三村，灌溉面积达4920亩，覆盖水田2646亩、旱地2274亩，能有效解决整个万山区工程性缺水问题，改善区内生态环境。

（三）农业基础扎实，产品形态多样

蔬菜种植、精品水果种植是龙江村的两大支柱产业。蔬菜种植主产区位于河坪组，主要采用大棚培育模式进行高效栽培。2017年，为发展壮大村集体经济，青阳果蔬有限公司高标准大棚示范基地建设完成，共占地62亩，龙江村利用多年来积累的种植经验和扎实的农业发展基础，坚实地迈出了面向现代化农业转型发展的第一步。龙江村精品水果种植主要涉及高山葡萄、冬桃、香柚等，葡萄的主要产地位于金星田、禾梨凹、杉木湾、枫木懂等地；冬桃的主要生产基地在油坊、电边、青溪、坡脚、枫木懂等地。其中百亩以上的有刘泽柳担任理事长的龙江葡萄农民专业合作社、刘泽标担任理事长的龙江冬桃农民专业合作社。在龙江村内众多专业种植大户，如刘洪生、刘凯、刘泽周、刘泽友等的带动下，龙江村精品水果前景看好，到丰产时仅葡萄一项一年将有300万元产值，冬桃也不少于200万元。

2018年10月18日，调研十二组走访龙江村村民周吉田。

三、实践探索与经验模式

（一）加强土地流转，打造蔬菜示范园

    作为传统蔬菜种植强村，龙江村党支部、村委会积极响应万山区"九丰农业＋"模式、黄道乡"五代一走廊"产业发展布局的规划，联合种植大户、精准扶贫帮扶对象，整合脱贫攻坚专项资金、区乡村级集体经济专项基金及贫困户自筹资金，提出以"村集体经济＋合作社＋基地＋农户"的模式，依托九丰农业的大棚蔬菜繁种技术，高标准打造龙江村蔬菜产业示范园。在全体村干部的努力下，2017年3月，龙江村建设高标准大棚所需的土地全部顺利流转，大棚及其附属设施建设基本完成。经过1年多的发展，龙江村现已形成高标准大棚10268平方米，通过整合村内优质土地资源，将经济发展潜力转化成现实生产

力；通过抓示范基地建设，龙江村集体经济还发挥了带动协同作用，青溪组新发展的高标准大棚现已建设完成三分之一。截至2018年下半年，龙江村已投入100余万元，以期通过大棚蔬菜技术培训和产业发展提高村民脱贫致富积极性，加快培育发展新动能。

（二）委托代管经营，调动发展积极性

在龙江村蔬菜大棚基地建设之初，由于采取村干部轮流代管的模式，曾出现管理层不上心、干部思维定势、内部账目不清且矛盾多等问题，甚至一度亏损遭到全区通报批评。据前龙江村脱贫攻坚工作组常务副组长刘远学所述，为完成龙江村蔬菜大棚基地项目整改任务，他们首先请财政分局专业人员对龙江村集体经济账目进行了全面清查，详细梳理出每一笔款项的来龙去脉，在打消所有人疑虑的过程中，也间接化解了村干部之间长期积累的矛盾。其次在先前协议的基础上，追加签订《黄道乡龙江村大棚蔬菜基地大棚建设及精品水果种植项目补充协议书》，明确由村内种植大户彭再均接管蔬菜大棚种植项目，实行村集体经济所有权、经营权"二权分离"制度，并赋予其优先承包租赁权。此外，结合经营实际情况，龙江村在敖寨乡中华村推出的"622"分红模式基础上创新改制，实行"631"分红模式，即收益的60％作为贫困户的分红资金，村内只占有10％作为集体经济积累，余下30％均作为管理团队工资用于日常运行维护。"一清账、二分离、三鼓励"的连环政策，极大地调动了管理者的积极性，推动了龙江村集体经济生产力大解放。

（三）实行"河长制"管理，形成"河长治"思维

过去，龙江村曾饱受万山特区汞矿、锰矿污染之苦。20世纪50~80

年代中期，贵州汞矿的年均产汞量为800吨左右，冶炼后的废渣排放量高达47.6万吨/年，其中冶炼厂的尾气以4600立方米/小时的流量向大气进行无序排放。由于工艺需要，机选厂和冶炼厂的两个废水排口，耗水量约为800吨/天。两厂排口的下游，一个是下溪河上游，另一个就是龙江水库。因大量排放未经处理的废水、废渣，万山镇下游的区域都曾遭受严重的生态破坏和环境污染，某些地方甚至一度成为"无人区"。2012年，万山镇开采锰矿，上游未经处理的锰渣排入锦江河再汇流至湖南境内，近至龙江水库、远至湖南省麻阳县，均受到不同程度的污染。

龙江水库作为过去万山特区最大的农用灌溉水源地，灌溉面积约8000亩，影响人口众多，一旦污染便会严重影响龙江村当地村民生产、生活。2015年，随着国家绿色发展理念的贯彻落实，万山关闭一批重点污染企业，坚持"工业绿色化"政策，重点培育绿色新兴产业。龙江村全体村干部也抓住机遇，全面贯彻落实区环保局大力推进的《生态保护"党政同责"和"一岗双责"实施方案》《环境保护应急预案》等政策。尤其是推动《贯彻落实河长制管理实施方案》以来，明确了龙江村境内便水溪的乡级、村级河长（见表1），加大河流监督力度，努力改善区域内河流水质。目前，龙江村的河流水质常年保持在Ⅲ类以上水平，河道范围内无污水直排，河道无淤塞，河面无垃圾，生活污水等污染均得到有效治理。此外，龙江村除了通过开展道德讲堂，向村民传递环保精神，每年还定期召集村内党员、村民完成3~4次河道清淤工作，并向万山区直机关工委申请部分资金用于河道鱼苗放养，建立河流长效保护机制。龙江村落实绿色发展理念，真正做到将巡河、爱河、清河等保护工作常态化，实现了从"河长制"到"河长治"的思想转变。

表1　万山区黄道乡乡级河长名录

乡级总河长
总河长：杨昌海（乡党委书记）、刘泽水（乡党委副书记、政府乡长）
乡村两级河长

序号	河湖名称	乡级河长	职务	流经村	村级河长	职务	河流长度（千米）	流域面积（平方千米）
1	便水溪	杨昌海	乡党委书记	龙江村	肖磊	村支部书记	40	189
				丹阳村	张洪群	村支部书记		
				力坳村	刘远碧	村支部书记		
				大榜村	杨稳	村支部书记		
2	马黄河	刘成妹	乡人大主席	马黄村	肖源水	村支部书记	5	17.5
3	锁坳河	罗雄	乡组织委员	锁溪村	刘海莲	村支部书记	13	18
				长坳村	杨建华	村支部书记		
4	白屋场河	袁渊	纪委书记	白屋场村	姚茂春	村支部书记	7	13
5	田坪河	冉茂江	乡人武部部长	田坪村	刘远海	村支部书记	7.5	16

四、存在问题及原因分析

(一) 标准体系不完善，集体经济难壮大

虽然目前龙江村集体经济运营已趋于平稳，与九丰农业合作的模式也为当地村民带来一定普惠政策，但是龙江村蔬菜大棚种植产业的发展仍面临缺统筹、无规划等问题。一是产业发展缺乏统筹规划，蔬菜品牌化程度低。自2015年万山区从山东省寿光市引进九丰农业以来，万山以高楼坪乡为中心，在各乡镇全面推广"九丰农业+"模式。以龙江村为例，达成合作后九丰农业为龙江村蔬菜大棚种植基地提供优选幼苗及先进的技术指导，但是在后续病虫害监测、品牌打造、推广销售等方面仍是一片空白。龙江村销售的蔬菜仍然是"无牌""无证""无溯源"的"三无"产品。换句话说，即使龙江村现有蔬菜产业实现了在高标准大棚内种植，但是种植效果除了产量提高之外，其产品影响力并没有发生实质性改变，蔬菜品牌化打造几乎为零。二是种植模式"多、散、小"，未形成长效机制。据龙江村集体经济管理负责人彭再均所述，万山区已经成立了蔬菜办，准备借助九丰农业平台影响力，将各乡生产的蔬菜统一打包形成品牌后对外销售。但是就目前的情况来看，万山区对下辖各乡镇种植蔬菜的种类并没有明确的规划，各乡都在发展大棚经济，选种的蔬菜品种雷同，由此而带来的同质化竞争也在一定程度上压低了相关产品的市场价格。同时，因为还未有效整合全区资源、形成发展合力，包括龙江村在内，各村的蔬菜种植均存在数量多、基地散、规模小的问题。在现有产量不足，无法与大型连锁超市、卖场签订长期合作协议的情况下，龙江村的蔬菜销售仍然只能走过去零散销售的老路，距离规范化、规模化、产业化的道路仍有很大距离。

（二）种植思维待转变，投入产出效率低

目前，龙江村高效种植蔬菜产业虽然取得了一定的成绩，但是由于种植思维尚未转变、科学技术含量低、农产品经营仍为粗放型模式，成为龙江村蔬菜种植产业的发展难点与痛点。一是产业发展缺乏科学支撑，选址选种存在盲目性。龙江村蔬菜大棚种植基地的建设始于2016年11月。2017年3月，龙江村在未完全准备充分的情况下便匆匆开始了基地的选址及大棚建设；5月8日，经过村内简单讨论，便完成了第一轮蔬菜幼苗的下种。蔬菜大棚管理者彭再均在专访中表示："第一轮蔬菜下种之前我们都没有想过要做土质检测，当时没有考虑到要提前监测土壤中含有的病菌、PH值情况，更不要说根据这个考虑种什么蔬菜了。"由于缺乏定植前基本的土壤监测、测土施肥等重要环节，龙江村蔬菜大棚基地选址选种不科学的问题在发展过程中日渐凸显，

2018年10月18日，调研十二组实地考察龙江村蔬菜种植基地。

为后续蔬菜的成熟、结果埋下了不可预测的病虫害隐患。二是管理机制有缺失，疾病防控不到位。在露天栽培的环境下，土壤中的病原菌和大量的有益微生物会保持一定的平衡，能够有效抑制病虫害产生。而蔬菜大棚采用封闭管理模式，由此而形成的高湿、寡照环境给病虫害滋生提供了有利条件；加之因连作而带来的蔬菜根系分泌物质和病根残留，也会使土壤微生物逐渐失去平衡，病原菌数量不断增加，诱使病害发生。龙江村现有高标准大棚蔬菜基地建立后，并没有同步建设起相应的配套监测设备。因为缺乏基本的预防监测机制，龙江村蔬菜产业始终存在高投入、低产出的问题，甚至一度出现亏损，遭到全区通报批评。2018年，因病虫害防治机制不健全、管理人员缺乏基本的应急预防意识，龙江村蔬菜基地的西红柿爆发了大规模青枯病，整整5亩西红柿全军覆没。正如蔬菜大棚管理者彭再均所说："其实大棚一年的病菌非常大，尤其是做了几年之后，病菌会比外面多很多。因为外面有雨雪，那些虫子、病菌一结冰就冻死了。"蔬菜种植前、中期监测的缺失，正逐步扼紧了龙江村发展大棚蔬菜产业的喉咙。

（三）缺乏市场研判，限制产业做大做强

发展现代化农业，既要有现代科学技术的支撑，也要有现代化经济管理的思维。就龙江村而言，无论是科学技术还是现代化经济管理思维，都还需要进一步提升。一方面，市场研判不到位，产品选择随大流。"按以前的老传统做的话，就是什么菜都有，如果市场单一的话，有时候就像农民说的，假设单一品种不好卖，这一种菜就没有钱了，所以多元化种植风险比较小。"从彭再均的话里调研组了解到，为了提高风险抵御力，龙江村对于蔬菜大棚内种什么菜并没有

统一的规划，而是把品种选择的决定权交给市场。但是农产品现货市场的价格信息具有短期性的特点，仅反映某个时间节点之内的供求状况，以此为参考制定的政策具有滞后性。加之农产品生产周期长，使得农产品供给、需求价格之间往往缺乏连续性，容易形成"断点"和"盲点"，价格波动性大。没有研判的种植，无异于打一场毫无准备的战役，其结果可想而知。另一方面，蔬菜销售渠道窄，价格无优势。与九丰农业合作后，万山下辖所有乡镇均配备科技副乡长一名，指导各村发展大棚蔬菜种植业。龙江村的蔬菜种植虽然也享受了一定的专业技术指导，但是针对后续销售的问题，九丰却没有给出答案。据蔬菜大棚管理者彭再均介绍："九丰其实是包种，并没有把整个渠道打通，它也是靠客户定单，并不是自己钻研以后有专门的收购方式。"由此而带来的后果就是，龙江村的大棚蔬菜虽然产量不错，但是有时候却要面对销售无门的老难题。由此可见，龙江村针对大棚蔬菜采摘后的商品化处理基本为零，在实际销售过程中仍然走过去随行就市的老路，没有打出品牌、打响名气，与安全卫生、新鲜营养的食品消费潮流很不适应。由此而带来的问题就是无法掌握市场定价的主动权，不能实现利润最大化。

五、对策与建议

(一) 推进区域种植一体化，打造万山绿色蔬菜品牌

为实现龙江村蔬菜产业规模化经营，首先应加大土地统筹规划力度，推进区域内种植一体化发展。土地充足是大棚蔬菜产业规模化发展的先决条件之一，为实现更加高效的种植，应由万山区牵头组

2018年10月17日，调研十二组访谈龙江村党支部委员彭再均。

织农业专家团队、九丰公司技术人员对包括龙江村在内的全部村寨进行深度考察，按照统一标准对每个村的土壤、温度、湿度等自然条件进行全面检测，并以此为依据形成最适合各村的《大棚蔬菜种植方案》，明确各村适宜种植的蔬菜品种，择优立项。同时，为减少各村因种植品种不同而产生的经济收入差异，提高村层面的参与积极性，应秉承效益优先、兼顾公平的原则，在保证蔬菜总产量稳定的前提下，协调各村合理轮换种植品种。这样既有利于土壤轮作，也能够最大限度地实现土地资源物尽其用，形成区域一体化种植格局。其次应从区层面加大统筹力度，打响万山蔬菜品牌知名度。蔬菜的品牌化道路是当前蔬菜行业面临的一个重大的挑战。未来要在蔬菜行业站稳脚跟，实现蔬菜种植利益最大化，关键还是要借助品牌的力量。做有身份的蔬菜，需要万山区尽快建立起统一的蔬菜生产标准，以提高区域内蔬菜质量安全为核心，统筹抓好生产和供应两个方面。同时，以区为单位打造万山特有绿色蔬菜品牌，将各村生产的蔬菜统一包装、统一销售，尽快组织完成针对万山蔬菜品牌的无公害农产品、绿色食品、中国农产品地理标志产品等商标认证流程，打响万山自有蔬菜品牌的知名度，在消费者心目中树立"说到蔬菜，想到万山"的深刻印象。

（二）建立全程预防监控机制，布局高效健康全产业链

针对龙江村大棚蔬菜投产比较低的问题，应当尽快建立全流程预防监控机制。一是严把种植前期监测关，全面落实测土施肥制度。人类有专属于自己的性格，土地也类似，其具备的土壤性质各有不同。要实现农作物经济效益最大化，必须提前了解土壤成分，如氮磷钾含量、PH 值等，再结合种植农作物的需肥特性，形成合理高效的施肥方案。为了避免因缺少前期土测而埋下的病虫害隐患，万山区应为包括龙江村在内的下辖各村提供必要的测土配方施肥技术支持。在新一轮大棚蔬菜种植前，组织有关专家对种植基地进行现场取土，展开专业测土分析。通过科学测土、按方配肥的方式，提高大棚蔬菜产量、改善蔬菜品质，减少浪费、节约成本，从源头上提高龙江村大棚蔬菜的投入产出效率。二是加强种植期间疾病防控，建立智慧监测机制。蔬菜的成长过程也与人类相似，特定年龄、特定天气、特定环境下会出现某些特定病症。蔬菜种植完毕后，并不是等待收获即可，还应按照蔬菜种类，有针对性地制定包括其生长阶段、病理特性、预防措施等详细内容的《蔬菜种植全流程监测指导手册》。因此，建议由万山区牵头，依托九丰农业科技平台，定期安排农业专家进村检查，指导农

户科学种植、合理施肥，增强防范意识，将大规模病虫害疾病扼杀在摇篮里。

（三）增强市场应对自主权，构建多方销售长效机制

针对龙江村现有蔬菜产业"随大流"种植、"靠运气"销售的问题，一是要增强产品选择自主性，以高品质抵御市场价格风险。面对多变难测的蔬菜市场，采取"看到别人种什么赚钱我就种什么"的策略多半很难在下一轮竞争中突出重围，甚至可能会因同类产品大量入市而陷入"价格战"的恶性循环，在某种程度上失去议价主动权。龙江村发展大棚蔬菜种植产业，一定要依托自身优势选择蔬菜品种，扩大特定品种种植规模，主动抢占市场占有份额。提高产量的同时，还要持续对本地蔬菜进行提质增效工作，使其高品质的定位深入人心。在市场向上的环境下，应用技术、保证质量才能在客户面前保留议价能力。此外，万山区应出台相应的蔬菜价格保护机制，对于万山出产的蔬菜进行品牌统一、品质统一、价格统一的"三统一"要求，防止产生相互压价、恶性竞争的市场乱象。二是要打通线上线下销售渠道，建立销售长效机制。龙江村的蔬菜销售目前还停留在"熟人销售""菜贩收购""散户贩售"的线下销售阶段。由于农户自身营销意识薄弱、信息滞后，"只知低头种地，不知抬头营销"而造成蔬菜滞销的情况也屡见不鲜。接下来，万山区应进一步强化农村基础设施建设，在以配套设施为主的"电网"、以宽带设施为主的"天网"以物流基础设施为主的"地网"建设上狠下功夫，为"蔬菜出山"打下坚实基础。同时，加大针对村一级的电商培训力度，每村配备专业的电商从业人员，按照万山蔬菜品牌标准统一对产品进行包装之后再对外销售。此外，由万山

区出面牵头，与大型连锁超市、蔬菜市场签订长期合作的购买协议，在蔬菜生产之前提前完成销售渠道对接，打通销售"最后一公里"，避免因增产而导致的压价，摆脱丰产不丰收的困局。

参考文献

1. 龙江村支部委员会、龙江村村民委员会：《2017铜仁市万山区黄道侗族乡龙江村定点脱贫攻坚项目申报建议书》，2017。

2. 龙江村支部委员会、龙江村村民委员会：《黄道乡龙江村基本情况汇报》，2018。

3. 龙江村支部委员会、龙江村村民委员会：《龙江村河长公示牌》，2017。

4. 黄道侗族乡人民政府：《2017黄道乡龙江村大棚蔬菜基地建设及精品水果种植项目实施总结》，2017。

5. 黄道侗族乡人民政府：《黄道乡基本情况汇报》，2018。

6. 《经济半小时——贵州一村庄土壤汞超标80倍 村民种菜当有机蔬菜》，央视财经，2014。

在古老的故事里，在岁月的诗歌里，在人生的日记里，总有一座故乡的山，总有一片美丽的田野，守望着乡村的未来。

"狗吠深巷中，鸡鸣桑树颠"，田坪村的生活，却在这诗意四溢的醉然中多了奔向幸福生活的努力和期盼。

走在田坪村的乡村小道上，迎面而来的，无论是年迈的长者，还是稚气的孩童，脸上都是恬淡的笑意。在这样的山水间，这样的生活中，又有怎样的满足流淌开去，袅袅不散？

四大举措推动田坪村转型可持续发展

——田坪村调研报告

2018年10月20~21日，铜仁市万山区转型可持续发展大调研十二组成员谢思琪、刘珮琪赴黄道侗族乡（以下简称"黄道乡"）田坪村进行实地调研。调研以召开座谈会、专访、入户调查和实地考察的形式展开。调研期间，调研小组在黄道乡人民政府二楼会议室召开了座谈会，黄道乡政府综合办公室专职副主任冉茂江、驻村干部陈守荣、田坪村党支部书记刘远海、村委会主任刘泽春、监督委员会主任刘洪平、村委委员刘远祥和刘元金、党支部委员刘茶花、监委委员易炳兴、万山区黄道乡田坪小学校长刘丹等参加了会议。同时，调研小组专访了田坪村驻村干部陈守荣、鸿顺生态肉牛发展有限公司负责人刘元金、香柚香生态农业有限公司总经理刘洪众、塘湾组脱贫户刘远盘、大路冲组脱贫户刘秀花。实地考察了肉牛养殖基地、大棚蔬菜种植基地、香柚香生态农业有限公司第7号基地。入户调查了杨秀英（女，77岁）、刘英（女，33岁）、徐凤秀（女，64岁）、刘军（男，54岁）、刘秀花（女，53岁）、姚来秀（女，42岁）、罗细妹（女，54岁）、彭凤仙（女，45岁）、刘远盘（男，41岁），杨梅珍（女，44岁）等村民。通过调研，形成调研报告如下。

一、基本概况及历史沿革

田坪村位于贵州省铜仁市万山区黄道乡南部，东靠丹阳村，南靠力坳村，西邻湖南向家地村，北靠白屋场村，距乡政府驻地5公里，距万山城区约50公里。全村总面积为6.7平方公里，辖有子草龙、茶树湾、老院子、上寨、鱼形、丛阳湾、田螺湾、大路冲、塘湾、四丘田、白岩坪、屯冲12个村民组。全村共356户、1669人，侗族人口占总人口的80%，主要为刘、罗、肖三姓人家。其中，60岁以上老人226位，90岁以上老人1位，"三无"（无劳动能力、无收入来源、无子女赡养）老人11人。[①]全村建档立卡贫困户75户、280人，2014年脱贫6户、31人，2015年脱贫20户、107人，2016年脱贫18户、66人，2017年脱贫30户、74人，未脱贫2户、6人。全村2017年底贫困发生率为0.35%。

田坪村海拔400~650米，属喀斯特地貌，四周环山，唯独中间地势平坦，相传"田坪"一名便得于此。当地气候十分温和，年平均气温22℃，无霜期280天，年平均降水量120毫米。得天独厚的自然环境和适宜的气候为田坪村发展种养殖业提供了有利条件。田坪村的基础设施和经济状况略优于其他村落，是黄道乡为数不多的"小康村"。村民收入来源主要依靠在外务工，目前，田坪村外出务工人员有500余人，占全村人口的三分之一。田坪村历史悠久，可追溯至汉高祖时期。据

---

① 资料来源：《田坪村脱贫攻坚工作情况汇报》。

田坪村老支书刘元炎介绍，清朝后期，刘文达之父（其名已不可考）在黄道任宣慰使，管理黄道、施溪、都平、龙敖四个长官司，并将府台衙门迁至田坪半坡田。刘文达接任宣慰使后，其女回家省亲时趁其不备，将官印偷送回夫家田英坪黄家（今玉屏县田坪）。之后，黄家便把"田英坪"改名为"田坪"与刘文达分庭抗礼，朝廷为避免争端，废除了二人的政治管辖权。1915年，废除长官司，黄道田坪归黄道司管辖。1941年，黄道司并入玉屏县管辖范围，两个"田坪"皆由玉屏县管理。20世纪50年代，玉屏县撤销万山乡镇机构，黄道乡改为跃进人民公社，为作区别，玉屏田坪设田坪公社，黄道田坪设小田坪公社。20世纪60年代，小田坪公社改为田坪大队，后改为田坪村。1984年12月，贵州省政府批准万山特区成立民族乡，黄道侗族乡由此成立，田坪村属黄道侗族乡管辖。2005年11月，根据"撤小村并大村"政策，田坪村由红星村管辖。2011年，田坪村从红星村中分离出来，正式成为独立的行政村。

二、基础条件与特色优势

（一）基础设施不断完善，筑牢农村发展根基

在国家脱贫攻坚政策的帮扶下，田坪村大力实施"五改一化一维"、联户路产业路建设、安全饮水、广电云、危房改造等工程，公共基础设施得到极大改善。一是田坪村在"五改一化一维"项目中完成改厕85户、改厨193户、改水151户、改圈3户、改电1户，完成133户村民房前屋后硬化约6000平方米，房屋维修19户，居民生活环境焕然一新；二是投资15.76万元建设了357米联户路，投资42.5万元建设了850米产

业路，居民出行更方便，产业发展有奔头；三是新建饮水工程2处，涉及大路冲、塘湾、白岩坪3个村民组，维修饮水工程2处，涉及屯冲、四丘田、鱼形3个村民组，保障了群众安全饮水需求；四是全力推进多彩贵州广电云"户户用"工程高标准、高质量建设，为全村356户安装了广播电视网络，实现了户户全覆盖；五是田坪村于2014年实施危房改造43户、172人，2015年实施危房改造19户、57人，2016年实施危房改造23户、69人，2017年实施危房改造10户、32人，确保了贫困群众住房安全，提升了新农村村容村貌。

（二）教育配套齐全，公共事业成绩突出

百年大计，教育为本。作为黄道乡下辖十村中唯一一所完全小学，田坪小学承担着白屋场村、田坪村、力坳村、丹阳村瓦寨组的教学任务。近几年，在村支"两委"的关怀下，田坪小学办学规模达到300余人，新建校区5976平方米，新增绿化面积1800平方米，不仅有普通教室11间，还有留守儿童之家、图书室、实验室、达标的图书及实验设备。在"立足基础教育，点亮农村未来"的发展理念引领下，田坪小学一方面坚持勤俭办学、奉献教育，曾获得"区级标准化学校""区级平安校园"等称号；另一方面坚持质量立校、内涵发展，以音乐、美术、篮球为抓手实施素质教育，在全国青少年"姚基金"篮球运动赛上荣获三年三冠。此外，通过创建"四在农家·美丽乡村"示范点，田坪村的环境卫生整治成效显著。通过采取责任分片的方式，田坪村对村干部、环保护林员、环卫工统一调度，将环境卫生整治分片落实到人。同时，全村还投入6万余元用于组内卫生维护，并通过村"三委"宣传号召、"5321"帮扶干部示范带动、群众广泛参与环境卫生大整治，实

现了室内洁、庭院美、道路净、环境优的美好人居环境。

(三) 村民文化活动丰富，生活幸福度高

近年来，田坪村以"乐在农家"为抓手，不断实施文化惠民。一是按照综合文化服务中心"七个一"建设标准，充分利用现有资源，打造了一个集道德讲堂、休闲娱乐和文化中心于一体的综合文化服务中心。该中心投资达20万元，分别设有图书馆、活动室、舞台、篮球场等，总面积为1200平方米。黄道乡政府综合办公室专职副主任冉茂江介绍："田坪村综合文化服务中心是黄道下辖十村中面积最大、功能最为完善的文化服务中心，平时会举办各类群体娱乐活动，是广大居民群众茶余饭后的一个好去处，中心还设有专人管理，长期向辖区居民群众免费开放"。二是以保护和传承少数民族优秀传统文化、促进农村文化繁荣发展为目标，打造了具有侗家文化特色的"文化墙""文化雕塑""文化长廊"等文化景观。三是为促进祠堂文化的交流与传播，修缮了刘氏宗祠。据当地村民介绍，每年的农历6月6日，刘氏族人都会聚集到刘氏宗祠，将家族本年度增加的人口按辈分依序登记到族谱上，还会将搁置在谱箱里的族谱置于特制的晒台上晾晒，以此来祭奠先祖、教育后代。

三、实践探索和经验模式

(一)"公司 + 合作社 + 农户"：推动集体经济发展

田坪村坚持"兴村先兴业，富民抓产业"的发展理念，围绕香柚种植，以及牛、羊、鸡养殖等产业，大力发展特色产业基地，相继成立了夔锣生态农业养殖专业合作社、聚丰生态香柚种养殖专业合作社，

2018年10月20日，调研十二组走访田坪村村民杨秀英。

以"土地流转＋种植""土地流转＋养殖"的方式发展经济，以"公司＋合作社＋农户"的合作模式带动村民致富，2017年底共实现带动贫困户75户、280人，每户产业分红1000元。

长期以来，技术与市场是阻碍农户种植产业发展的两大难题。田坪村村委会主任刘泽春联合几位合伙人出资18万元共同成立了聚丰生态香柚种养殖专业合作社，依托香柚香生态农业有限公司，将分布在田坪村的香柚种植散户集中起来，"抱团"合作种香柚。在"公司＋合作社＋农户"模式下，老百姓出土地、劳动力，占70％的股份；合作社负责组织、发动、监管，占10％的股份；公司出苗木、技术指导、品牌营销、市场开发和农药，占20％的股份。农户利用香柚香生态农业有限公司的技术和市场优势，填补种植短板；合作社充当公司与农户的桥梁，整合农户资源的同时保障香柚的质量；香柚香生态农业有限公司借助农户与合作社覆盖面广、产量多的优势，保障"果源"供应，为产业链拓展打好基础。通过资源的合理配置，田坪村的香柚种植逐步实现集约化。目前，香柚香生态农业有限公司已辐射带动田坪村发展香柚种植540亩，结对帮扶了田坪村大路冲组贫困户罗永发、刘远盘等10人。从单打独斗到抱团合作，田坪村香柚种植形成了一条完整的产业链，实现集体经济共享共赢。

（二）"酒糟—牲畜粪便—大棚"：打造生态循环农业

田坪村以重塑田园美好生活为己任，构建"种养循环"发展长效机制，在农林牧副多模块间形成整体生态链的良性循环，力求减少环境污染、节约农业资源、提高产出效果。酒糟过去被酒厂当作废物，到处堆积，滋生虫蝇，但鸿顺生态肉牛发展有限公司负责人刘元金却拿它喂牛。酒糟中含有丰富的蛋白质、淀粉等营养物质和少量酒精，经过高温消毒与玉米拌在一起便成为养牛最好的饲料。"酒糟养牛法"实现了低成本高效运转，牛不仅长得快，肉质也十分鲜嫩，但随之而来的便是牛粪的大量堆积。为此，刘元金说："牛的粪便我们会收集到池子里，积攒到一定量就拉到牛棚旁边的菜地里施肥。菜地里种的是牧草，有时也会种一些红薯叶，这都是牛重要的饲料，用不完的牛粪我们还会拉到省家湾的大棚里去种蔬菜，这样一来我们就不用买化肥，真正实现了循环利用"。该模式的实施，既发挥了酒糟的最大价值，又实现牲畜粪便资源化利用和污染物零排放，同时还获得有机肥料，促进了经济可持续发展。在此模式下，鸿顺生态肉牛发展有限公司年出栏肉牛100头，收入达1000000元，年底为入股贫困户分红3000元。

(三)"大户带动，抱团发展"：探索长效致富路

田坪村属喀斯特地貌，地势为两山夹一坝，山高谷低、耕地较少，荒坡坡度较陡，开发难度大，缺乏主导产业，农民生产技术水平较低。田坪村村委从实际出发，以问题为牵引，以"大户带动、抱团发展"为支撑，探索养殖产业发展新道路。例如，田坪村村委会主任刘泽春，依托林地资源丰富的优势，大力发展林下土鸡养殖，年出栏肉鸡20000羽，收入120000元。2016年他牵头成立了鼟锣生态农业养殖专业合作社，争取政府的产业发展资金，带动全村抱团发展。刘泽春说："合作社聘请了一位在外多年从事养鸡行业的技术人员，可以为村民提供成熟的养殖技术和鸡瘟防治服务，为村民减少养殖风险，确保收益。"借由自身的经验和技术，刘泽春建立了成熟的养殖和销售模式，为广大村民树立了榜样，增强了群众发展的信心和动力。2017年，姚祖莹、刘远胜、刘洪英等村民跟随他扩大养鸡规模，获得了丰厚的经济效益。

四、存在问题及原因分析

当前，田坪村经济发展相较以往取得了较大进步，在扶贫攻坚领域也积累了不少经验。同时，也出现因交通基础设施薄弱、基层干部年龄结构不合理、村民思想观念落后、产业资金来源单一带来的后续内生发展动力不足的问题。调研组将田坪村目前存在的主要问题和工作难点做以下梳理和分析。

(一)基础设施薄弱，限制产业发展空间

田坪村早期基础设施建设已取得诸多成绩，但离乡村振兴的要求

还有很大差距。早在2003年，田坪村按照"群众筹一点、政府补一点、群众自行调田地、群众投工投劳"的方式修通了一条1.5公里长、3.5米宽的进村公路。从2004年起，又陆续修通了四丘田、屯冲、白岩坪、大路冲、塘湾等组级公路并实施硬化。尽管如此，现有道路远不能支撑田坪村如今的产业发展需求。由于道路狭窄，养殖基地的牲畜运输要靠小车分批装运至村口再另行装车，造成大量人力、物力的浪费。对此，驻村干部陈守荣说："当前道路是限制产业发展的最大障碍，我们村本来打算跟公司合作养猪，因为路的原因只能放弃。"此外，村道配套设施落后，缺少与之相对应的交通标志、指示标牌以及安保设施，道路安全难以保障。

（二）基层干部年龄结构不合理，思维方式有待转变

农村基层干部是贯彻执行农村各项方针政策的骨干，是建设社会主义新农村的带头人。田坪村的基层干部具有较强的群众观念及扎实的作风，但与新形势、新任务的要求相比仍有很多不适应的地方。目前，田坪村基层干部队伍的年龄"扎堆"老化现象比较突出。村"三委"中，年龄最大的是党支部书记刘远海，2018年54岁。年龄最小的是村委会主任刘泽春，2018年42岁。受年龄的制约，基层干部在村集体事务管理上不可避免地存在一些问题。一方面，缺乏调查总结的动力，对村外的大环境、村内的小环境没有进行过系统、周密的研究，疏于探索产业发展新模式，缺少与时俱进的开拓创新精神及气魄。当调研小组问及田坪村"优势特色""实践经验""产业规划"时，大部分村干部表示不清楚、不了解，对工作模式的理解还停留在听从行政命令、工作布置阶段。另一方面，缺乏理论联系实际的能力，学习他人先进

2018年10月20日，调研十二组实地考察鸿顺生态肉牛发展有限公司。

经验或落实统一政策时，容易"搬本本、套框框"。如引入"山地刺葡萄"项目和"星海潮花卉苗圃种植"项目时，由于事先缺少市场研判及自身定位研究，导致项目实施不了了之。

（三）村民思想观念落后，市场意识有待提高

田坪村常住人口平均年龄普遍偏大，文化素质普遍偏低，自身存在浓厚的"小农意识"，思想观念保守、容易满足于现状、怕冒风险，只顾眼前的物质利益，缺少未来长远规划。调研小组在问卷调查过程中，当问及村民"对现在的生活是否满意？对未来生活有没有打算"，绝大部分村民表示对目前的生活已经非常满意，对未来的生活没有规划。这种消极的思想，源于对市场经济的认识有限、市场意识淡薄，满足于"种几亩田解决吃饭问题，外出打工解决用钱问题"，缺少闯市

场、创大业的信心。

（四）产业资金来源单一，融资能力有待提升

融资能力的强弱，在很大程度上决定了乡村产业发展是否兴旺。目前，田坪村产业发展主要依靠财政资金、涉农贷款及村民的自有资金，缺少民间及社会资金的支持，融资贵、融资难的问题仍很严峻。例如肉牛养殖、林下土鸡养殖等项目启动时，需由带头人自行垫资，然而项目动辄百万元的投入为他们带来了巨大的贷款压力。种养殖业成本回收往往需要一定的周期，这又对他们掌握的现金流提出了极高的要求。由于门槛过高，部分有想法但缺少资金的农村创业者也只能望而兴叹，这也在一定程度上限制了田坪村产业多元化发展。如何增强融资能力、满足产业配资需求，是田坪村扩大产业规模、增强自身"造血"能力的重中之重。

五、对策与建议

针对田坪村当前存在的一系列问题，调研组经过座谈、访谈及研讨，认为田坪村转型可持续发展应当从"物""人""智""财"四方面着手。"物"即基础设施建设，"人"即基层组织建设，"智"即村民的思想理念，"财"即资金支持，"四管齐下"激发田坪村内生发展动力。

（一）以"物"为突破，多方位保障基础设施建设

一是要落实基础设施建设资金。一方面，由地方政府出面为基础设施建设提供担保，承诺每年从田坪村集体经济收入中提取一定比例

作为贷款还款来源，让金融机构愿意贷、放心贷。另一方面，以农产品收购优惠吸引经营商投资进村道路建设的同时，鼓励民间资本进行合理投资。二是要科学制定道路建设规划。产业道路设计要结合地形地貌，基于原有路基进行扩建，在保证道路宽度满足大型车辆进出要求的基础上最大限度地保护当地农业生态系统。生活道路可在保持道路原貌的基础上增设排水沟，便于雨水循环利用于浇灌农作物。此外，无论是产业路还是生活道路，都应对道路标志进行系统规划，确保道路有统一的、清晰的交通标志。三是要健全基础设施管护机制。首先，杜绝"重建设、轻养护"的观念，要按照"谁投资、谁管护、谁受益、谁所得"的原则决定产权归属，落实管护责任人。其次，可以将养护经费纳入田坪村一般公共财政预算，或以出售道路两旁广告牌、道路冠名权等方式筹集养护资金。

（二）以"人"为依托，多角度加强基层干部队伍建设

一是强化理念更新，实现干部角色转化。村干部要着力于强化理念更新，以适应市场经济和人民群众的需要，以增加农民收入为工作重心，强抓经济发展、落实公共管理，从"行政管理者"转变为新农村的"经济发展者""建设指导者"。二是强化学习培训，增强基层干部能力。一方面，要紧紧围绕农村政策、实用技术、市场经济等知识对村干部开展培训，重点培养村干部勤于思考、善于总结的能力，努力提高解决复杂问题的能力；另一方面，要多创造"走出去"的机会，组织村干部到沿海城市、经济发达地区，学习先进的致富理念，感受浓厚的创业氛围。三是优化人员组合，提升基层干部素质。要多从务工返乡人员中挑选有能力的青壮年作为后备人才，吸收有经济头脑、

有发展眼光、可较快接受新知识的致富带头人到干部队伍中去。同时要积极响应国家号召，为"大学生村官"创造良好的学习和工作环境，为他们解决后顾之忧，鼓励他们扎根基层。

（三）以"智"为关键，多途径培养农民市场意识

一是通过信息传播。田坪村要从资金投入、政策扶持和管理协调等方面共同推进广电网、电信网、互联网"三网"融合，使农户及时收集和了解市场行情。此外，还要充分发挥好农家书屋及讲习所的宣传作用，通过农家书屋订阅《农业科技报》《中国农业信息》等报刊读物，为有一定文化基础的农户提供信息参考；通过讲习所定期普及农业信息，为缺乏文化基础的农户提供决策参考。二是通过教育培训。一方面，要重视对农户的文化教育投资，开展时事政治、国情教育，

2018年10月21日，调研十二组访谈香柚香生态农业有限公司总经理刘洪众。

使广大农民逐渐摆脱"小农意识",树立大局观,使他们成为有技术、善经营、会管理的新型农民。另一方面,要重点培养农村基层干部、企业家和青年知识分子的市场意识,通过他们以点带面,带动和影响周围农民。三是通过合作社。合作社的存在与发展是提高农民市场意识的有效手段,同时也是市场经济发展的必然要求。田坪村宏观上要为合作社创造一个宽松、健康、良好的发展环境,规范引导合作社的发展,同时要加强各合作社之间的交流互动,积极开展技能培训,把普通农村劳动力转变为高素质人力资本。

(四)以"财"为保障,多渠道筹集产业发展资金

一是加大贷款贴息帮扶力度。为促进田坪村农业产业持续、健康、高效发展,地方政府可适当加大贷款贴息力度,对经济效益高、带动农民就业较多的集体经济优先扶持,对家庭农场、专业大户放宽贷款申请条件、担保和贴息要求,对还款意愿强、创业项目好的个人提供创业担保贷款贴息。二是探索发展新型农村合作金融组织。新型农村合作金融组织通过社员之间的资金联结,一方面能让农户手上闲散资金获得收益,另一方面能在很大程度上减轻产业发展对财政资金的需求压力。例如,田坪村可借鉴安徽省金寨县"股金+合作资金"和"股金+银行资金"试点模式,探索出具有本地特色的农村合作社信用互助模式,增强自我积累、自我发展的能力。三是促进互联网金融与农业产业跨界融合。互联网技术支撑下的金融运营模式,可在营销渠道、信息过滤、风险甄别等方面助力主体融资,能有效激发农村金融市场活力,带动农村产业发展。田坪村可以通过互联网金融构建"互联网+金融+农业产业"一体化的农业产业

链，实现产销信息精准对接，优化农村信贷资金配置，促进城乡资源双向流通，助力城市反哺农村。

参考文献

1. 田坪村村民委员会：《黄道乡田坪村2015年—2017年精神文明建设创建工作实施方案》，2015。

2. 田坪村村民委员会：《田坪村级经济社会发展五年发展规划（2015年—2019年）》，2015。

3. 田坪村村民委员会：《黄道侗族乡田坪村定点包干脱贫攻坚实施方案（2016—2018）》，2016。

4. 李康先：《"大户带动、抱团发展"的启示》，广元网，http://e.gyxww.cn/gyrb/html/2016—11/27/content_125783.htm?div=—1，2016年11月27日。

5. 田坪村村民委员会：《田坪村精准扶贫2017年帮扶工作计划》，2017。

6. 陈守仁：《黄道乡田坪村2017—2018年驻村工作总结》，2017。

7. 中共田坪村支部委员会、田坪村村民委员会：《田坪村转型发展调研报告》，2018。

8. 田坪村村民委员会：《田坪村脱贫攻坚工作情况汇报》，2018。

9. 铜仁市万山区扶贫开发领导小组办公室：《万扶领通〔2018〕105号——关于下达黄道乡田坪村2018年省家湾大棚蔬菜基地建设项目实施方案批复的通知》，2018。

10. 铜仁市人民政府发展研究中心：《从社会治理方向看"小康村"的可持续发展》，2018。

第六篇

敖寨乡

白茫茫的田野间，是辛苦劳作的村民，段木上生出新鲜的木耳，仿佛绽放的朵朵花儿，昂着头，扬着脸，朝气蓬勃，生机盎然。

小小的番茄，从绿叶后偷偷探出脑袋。待到收获的季节，曾经青涩的她，便会在茁壮成长后露出羞红的脸。片片瓜果蔬菜，是蓬勃发展的农田。

点一杆旱烟，迎着凉凉的微风，悠悠走在归家途中，看那天边驻足的鸟儿，是否也在眺望着远方的游人？

创新"622"模式
打造"五有农民"
——中华山村调研报告

2018年10月19~20日，铜仁市万山区转型可持续发展大调研第十组成员宋希贤、梁凤娥赴敖寨乡中华山村进行了为期2天的实地调研。调研组就中华山村的历史沿革、产业发展状况、党建工作、农村环境治理等问题在中华山村召开了1场座谈会。座谈会由中华山村第一书记吴承元（男，万山区政协文史委主任）主持，村主任毛照新、村副书记黄文春、副主任杨康、村委委员李启芳、村"两委"委员刘丽华、村支部委员杨幸福参加并发言。调研期间，调研组访谈了驻村第一书记吴承元、敖寨乡挂职副乡长朱向斌（男，九丰农业技术带头人）、中华山村村主任毛照新（男，全国农业劳动模范）、致富带头人卢政文（男，养殖大户）和万山区人大代表李艳红（女，生态移民搬迁户）5人；入户走访刘应昌（男，75岁，侗族，35年党龄）、万定（男，36岁，侗族，群众）、姜菊兰（女，63岁，侗族，群众）、杨敏（女，57岁，侗族，群众）、杨胜英（女，50岁，侗族，群众）、张军（男，40岁，侗族，群众）、杨光海（男，73岁，侗族，党员）、刘树发（男，55岁，侗族，群众）、刘伍明（男，53岁，汉族，群众）、杨翠英（女，42岁，侗族，群众）、杨华珍（女，41岁，侗族，群众）、杨昌发（男，42岁，侗族，群众）等12人；同时，参观考察中华山村集体经济种植基地、"九丰农业"蔬菜大棚种植基地、侗菇菌业种植基地等。

在中华山村，当地干部和群众秉持求真务实的精神，不骛虚声、不图形式，而是从当时当地实际出发，根据现有条件，确定应当做什么事，应当走怎样的路，形成党支部、村委会、合作社一体的农村经济发展模式，探索了"以地养农＋立社兴农＋种菌扶农"发展路径，建立了"村'三委'＋合作社＋贫困户"组织运营模式，创新了"入股分红＋村级积累＋管理报酬"集体经济利润"622"分红模式，激活了沉寂的农村自然资源、存量资产、人力资本，极大地释放了农村深化改革红利，村民人均年收入从2012年的2700元提高到2017年的8100元。2018年村集体经济仅香菇种植生产菌棒50万棒，预计产值220万元，利润38万元，实现了从远近闻名的"贫困村"向"小康村"的华丽转变。敖寨乡集体经济"622"模式被写入中组部党员培训教材，并入选《伟大的变革——庆祝改革开放40周年大型展览》，为中西部地区农村脱贫致富蹚出了新路，积累了经验。

一、基本概况和历史沿革

（一）基本信息

中华山村总面积27.1平方公里，耕地面积2300亩，土地流转发展产业1100亩，属二类贫困村。全村辖黄木冲组、进山湾组等22个村民组，少数民族人口占70％，以侗族为主。全村劳动人口1570人，五保户7户、8人，危改户348户，重病人口3人，残疾人口122人。现有建档立卡贫困户已脱贫238户、765人，未脱贫8户、23人，2017年末贫困发生率1.15%。中华山村集体经济主要包括食用菌和蔬菜大棚种植产业，2017年集体经济积累3万元以上，带动贫困户238户、770人脱贫，2017年脱贫出列。同时，2017年中华山村凭借"民居特色突出、产业支撑有力、民族文化浓郁、人居环境优美、民族关系和谐"而成功上榜"中国少数民族特色村寨"，2018年因其"主导产业突出、品牌影响力大、带农增收效果显著、组织化水平高"而被评为"全国一村一品示范村镇"。

中华山村依托自身资源优势，发展大棚蔬菜、食用菌、畜禽养殖等产业，形成了"大棚顶天立地、蔬菜铺天盖地"及"一村一品"的产业发展格局。全村有省级农业示范园区1个，区级村集体经济暨精准

2018年10月21日，连玉明院长在中华山村木耳培养基地察看自然风干木耳。

扶贫示范点1个，食用菌企业4家，专业合作社6家，占地总面积1200亩。其中，村集体经济食用菌产业101亩，标准大棚蔬菜600亩，种植黑木耳、香菇、平菇等300万棒。村民人均年收入从2012年的2700元提高到2017年的8100元。2018年，村集体经济生产菌棒50万棒，预计产值220万元，利润38万元。2018年2月，投入1000万余元新建蔬菜产业300亩，预计蔬菜产值80万元。村集体经济土地流转401亩，年土地流转经费32.08万元。食用菌和蔬菜产业共实现长期就业100余人，务工人均年收入1.2万元。

（二）乡村特点

村名由来：据《万山特区志》记载，在万山区敖寨乡与碧江区马岩乡九龙洞之上，有山俊俏挺拔，气势雄伟。相传，盛唐武则天当朝时期公元686年9月19日到江南巡视路过此地，见其一山直插云霄，其山形山貌酷像中华地图，便亲赐此山名为中华山，并欣然挥笔写下"中华山"三个刚劲大字题于山门之上，从此，中华山享誉中国大地。其山脚下，分布着敖寨、金家场和东风三个村落。2005年，为便于民主管理，决定将三个村合并为一个行政村，因中华山位于敖寨、金家场和东风三个村落的中央，故合并后的行政村命名为中华山村。

地理位置：中华山村位于敖寨乡东南部，海拔高度370米，东与本乡两河口村、洋世界村接壤，南与瓮背村、万山镇土坪村相邻，西与高楼坪乡林海村相邻，北与本乡杨家寨村毗邻，距万山区城区41公里。

自然条件：中华山村坐落于两山之间峡谷地带，敖寨河穿境而过，地势低矮平缓，气候炎热，土地肥沃，属典型的亚热带低热河谷立体型气候，以喀斯特岩溶地貌为主，森林覆盖率达65%以上。年均气温

16.5℃，气候特点表现为冬无严寒、夏无酷暑、年温差小、日温差大、冬长夏短、春秋相连、雨热同季。

（三）基层组织

中华山村有党支部1个，党小组16个，党员101人。村"两委"班子成员7名，监委会班子成员3名。

第一书记：吴承元，2016年3月至今任中华山村第一书记。担任第一书记期间，吴承元与驻村工作队和村支"两委"共同探索助推"622"升级模式。

村支监"三委"：村支书，李云斌，2016年12月至今任中华山村村委会总支书记。村主任，毛照新，2016年12月至今任中华山村村委会主任。杨付昌，2017年5月至今任中华山村监委会主任。

驻村工作队：吴承元，2016年3月至今任中华山村驻村工作组组长。曾永佳，2017年9月至今任中华山村驻村工作队队员。罗丹，2016年1月至今任中华山村驻村工作队队员。张涛，2017年10月至今任中华山村驻村工作队队员。

二、基础条件和特色优势

（一）基础条件

交通网络基础设施：中华山村形成"一横两纵"的路网格局。一横即583县道从中华山村中部穿过，贯穿东西。两纵，一是从杨家寨村经中华山村到洋世界村的通村路，二是从杨家寨村经中华山村到万山区城区的通村路，分别贯穿中华山村南北两侧。交通设施主干道旁设

2018年10月21日，连玉明院长与中华山村村民在木耳培养基地交流，了解木耳培养情况。

有客运站和加油站各一处。目前，全村已实现组组通硬化水泥路，连户路硬化率达100%，安装路灯310盏。

水、电、网等基础设施：全村已实施人饮工程，自来水到户率达100%，水源来自敖寨河和地下泉水，建有集中式安全人饮供水点20个，覆盖22个村民组所有农户。全村农户均已接入国家农电网，享受全国同网同价电力资源，已完成农电网全面改造，实现安全用电。全村实现移动、电信信号和4G网络无盲区全覆盖。按户配备灶及卫生厕所，实现所有居住房屋室内外全硬化，户户实现100%安全住房。在环卫方面，采用"村收集—乡转运—县处理"的垃圾处理方式，所有居民点均建有垃圾池，但整村暂无排水设施。

公共服务基础设施：中华山村依托乡司法所、邮政所、派出所、消防站、福利院、农村银行、体育场等乡级公共服务机构和设施，形成较

2018年10月21日，连玉明院长与中华山村91岁老党员杨腊光交流，了解其生活情况。

为全面的公共服务体系。在教育方面，中华山村设有幼儿园和小学各2所。在文化卫生方面，全村建有农民文化综合广场4处、农家书屋1个、远程教育站点1个、农民讲习所1处、道德讲堂1处、村级卫生室2所。

（二）特色优势

旅游资源：巍峨雄壮的中华山峰海拔858米，属典型的喀斯特地貌，由南、北、东三座大山峰构成。中华山的主峰由三座壁立陡峭的单峰构成，山峰挺立，齐山兀立、云雾缭绕。历史悠久的佛教文化：中华山寺始建于唐朝初期，先后建成正殿、副殿、玉皇阁、观音阁及文武诸殿和佛客禅堂、金顶寺等。雕塑千姿百态的各尊菩萨300尊。清末民初，中华山寺达到顶峰时期，寺内坐僧和尚达200余人，尼姑100多人。1955年和1962年山上各殿宇相继被毁，仅存古建筑遗址和部分碑刻及三座方丈墓塔。1985年，中华山寺庙遗址被确定为县级文物保护单位。现正筹划建设"中华山·相思湖"文化旅游风景区，景区包括敖寨乡中华山、梅子溪水库等景点，总规划面积约15000亩，计划投资30亿元，规划建设分三期进行，预计9年内完成。目前，该景区规划文本已制定，并于2017年1月28日举行开工奠基仪式。

乡村治理：在环境治理方面，中华山村在各村民组建立了环境卫生长效管理机制，各村民组主干道由护林员负责保洁，室内和房前屋后由农户自行保洁。此外，还设立了涵盖社会治安、消防安全、村风民俗、邻里关系、婚姻家庭五方面共计24条内容的村规民约，推动美丽乡村治理。实施"五改一化一维"[①]工程，完成人居环境改造、通组路硬化12公里、联户路硬化7.6公里、农村危房改造348户、人饮工程（1个集中饮水点、19个分散饮水点）、河道修复2.66公里、"7·4"土地复垦、文化阵地建设等项目。

三、创新实践和发展模式

2015年，在村"三委"的牵头下，中华山村成立"铜仁市万山区方圆食用菌种植农民专业合作社"，开启了村集体经济发展的序幕。积极探索出"以地养农＋立社兴农＋种菌扶农"的发展路径，建立了"村'三委'＋合作社＋贫困户"的运营模式，创新了"入股分红＋村级积累＋管理报酬"的"622"分红模式，建立起村社一体、合股联营

---

① 包括改厨、改水、改厕、改电、房前屋后硬化等，共完成679户，打造美丽乡村示范带6.9公里。

的村集体经济发展模式。正是通过发展大棚种植这一集体经济，中华山村从传统农业发展成山地特色高效农业，从落后农村转变成富美乡村，从贫困农民转变成现代高技术农民，村民合力拔掉了"贫困帽"，戴上了"小康帽"。

（一）探索"以地养农 + 立社兴农 + 种菌扶农"发展路径

以地养农："村整建制托管"土地流转模式。中华山村充分挖掘农村确权登记颁证工作试点的政策红利，率先完成全村农村集体土地所有权、土地承包经营权、林权等资产确权登记颁证工作，根据"公平、自愿"原则，推行"村整建制托管"土地流转模式，将各家各户的土地返租到集体，由村集体经济专业合作社统一托管，将全村1500亩土地全部流转，每亩年流转费用800元。村主任毛照新介绍说："刚开始，老百姓不理解不支持，思想观念比较守旧，担心失败，不愿意出让土地。"毛照新就带领党员干部挨家挨户做思想工作，并通过自己先干、先闯，然后再传、再教，加上乡党委政府"送政策、送资料、送技术"等政策支持，让百姓同意流转土地。

立社兴农：党支部当导演、合作社唱大戏。中华山村村"三委"带头组建的集体经济专业合作社，经过不断探索与论证，确立了"立社兴农抓建设，种菌扶农固增收"的农业产业化发展思路。村委积极向群众宣传走现代新型农业产业化道路、成立中华山食用菌专业合作社的思路，于2015年成立了"铜仁市万山区方圆食用菌种植农民专业合作社"。

种菌扶农：香菇木耳起家、大棚蔬菜壮大。中华山村结合当地地形、气候、交通基础和劳动力等要素，村委通过召开院坝会、田坎会、村民小组会等进行精准扶贫调查摸底，征求产业发展意见。组织驻村干部、致富带头人到浙江等地学习考察，寻找适合本村实际的支柱产业。通过对比分析，选择引导村民发展"周期短、见效快、效益高"的黑木耳、平菇、香菇等食用菌种植作为精准脱贫主导产业。

（二）建立"村'三委'＋合作社＋贫困户"组织运营模式

村"三委"：民心党建"领头雁"，为民做好"当家人"。中华山村集体经济在村党支部的引导和村委会、村监委的共同努力下发展壮大。中华山村积极创建"发展型"党组织，不断加强和改善党对农村工作的领导，因地制宜，拓宽发展思路，找准特色支柱产业，通过组建村集体经济专业合作社，抓实服务贫困户、服务龙头企业、服务雁归人员"三项服务"，充分发挥了村基层党组织的领导核心作用。

2018年10月19日，调研十组实地考察中华山村致富带头人卢政文养殖基地，了解猪场养殖情况。

合作社：村委合作社班子"双向进入、交叉任职"。中华山村探索村党组织成员兼任村集体经济组织负责人，实行村级各种组织向村党组织报告工作制度等做法，进一步增强了农村基层党组织的领导力和影响力。大力推广"四议两公开"工作法，让群众直接或间接参与重大村务决策，把村"两委"的工作置于群众的监督之下，凡关系全村的重大问题、重要决策都坚持集体领导、集体决策，确保决策的民主性和科学性。

贫困户：发展"五有"农民让村民成为"合伙人"。创新精准扶贫"622"分配机制，让贫困农户成为村"三委"领办合作社的股东，直接参与合作社产业规划、日常管理、企业生产和监管等，做到自主决策实施项目，从原先政府主导变为农户成为项目发展主体，形成有租金、有薪金、有股份、有分红、有技术的"五有"农民，在参与中共享、在共享中脱贫。

（三）创新"入股分红＋村级积累＋管理报酬""622"分红模式

中华山村在集体经济发展过程中创新探索"入股分红＋村级积累＋管理报酬"的村集体经济合作社利润"622"分红模式，将纯利润的60％用于贫困户、20％用于村集体经济积累、20％用于管理团队工资奖励，形成了村集体资产增值保值、贫困户受益和管理团队正向激励的利益分配方式。"乡领导、驻村干部和我们连续召开了一个星期的会议，确定以'622'分配模式，将利润的60％分给贫困户。"毛照新说。中华山村驻村第一书记吴承元说："'622'分红模式充分调动了贫困农户以土地入股并参与村集体经济生产的积极性，解决土地流转和农户务工脱贫问题，也解决了村集体经济收入来源的问题，现在'622'分配模式已经在全区范围推广了。"

中华山村入股江西上饶吉阳实业集团（朱砂古镇）80户120人，入股铜仁市万山区方园食用菌种植农民专业合作社（集体经济）144户。2017年，中华山村入股朱砂古镇人均分红1600元，入股村集体经济每股分红800元。以中华山村毛家组杨本昌为例，2013年杨本昌家庭年纯收入仅为2279元，2014年7月25日申请为贫困户。2016年，杨本昌"种植＋养殖"家庭经营收入1804元，转移收入[①]9781.85元，支出5383.77元（其中，生产支出612元，生活支出4171.77元），全年总收入[②]10973.85元，人均纯收入[③]5486.9。2016年扶贫标准3350元，低保标准3212元。2017年家庭经营性收入5782元，转移收入10788.46元，财政收入[④]3200元，支出11344.6元，年总收入17451.46元，人均纯收入8725.73元。2017年杨昌平各项指标均达到贫困人口退出条件，成功脱贫。

四、经验和启示

"放牛好耕田、养猪盼过年、喂鸡筹柴米、奔波为油盐"曾是中华山村乡民贫困生活的真实写照。而如今，全村经济社会、村容村貌发生了天翻地覆的变化，创造了贫困地区追赶跨越、全面小康的奇迹。在全国劳模、全省"文朝荣式好支书"毛照新的带领下，村"三委"秉持求真务实、艰苦创业的改革精神，探索了村社一体、合股联营的

---

① 转移收入＝五保金（低保金）＋生态补偿金＋计划生育金＋良种补贴＋捐赠性收入（个人捐赠、社会捐赠等）＋养老金。
② 总收入＝收入－生产支出。
③ 人均纯收入＝总收入/家庭人口数。
④ 财政收入，包括存款利息、土地租金、房屋租金、入股分红等。

2018年10月19日，调研十组访谈中华山村第一书记吴承元，翻阅民情日志。

集体经济发展模式，实现了从省级二类贫困村向"全国一村一品示范村镇"的华丽转身，并成为《伟大的变革——庆祝改革开放40周年大型展览》的代表案例。

（一）干部群众：不骛虚声、不图形式的求真务实精神

为了拔掉"穷根"，2015年村支书毛照新组织带领群众艰苦创业，带领中华山村村委班子成员成立了村集体经济"铜仁市万山区方圆食用菌种植农民专业合作社"，一方面远赴浙江调研学习，另一方面做足农民思想工作、加强技术培训、引进"九丰农业＋"发展模式，创新"622"利益分红模式，推动村集体经济发展。中华山村取得成功的关键是靠改革，靠有一个好的支部和好的带头人。而以第一书记吴承元为代表的驻村工作队，始终秉持求真务实的精神品质，不辞辛劳，积

极与相关部门对接，上借政策、下配资源，融入群众，助力中华村脱贫攻坚奔小康。

（二）合股联营：不同于公有别于私的集体经济运营模式

"以地养农＋立社兴农＋种菌扶农"的经营路径，是中华山村对农村集体经济经营制度的创新。为使村集体经济灵活对接市场，中华山村以农民的承包地和扶贫资金转换成股份的形式，创建股份合作社，逐渐实现了土地流转经营和规模经营。鼓励农户参与经营，通过多种产权联系，促使合作经济组织与农业产业化组织深度融合，多途径地提高农民收入。中华山村"村'三委'＋合作社＋贫困户"的组织运营模式，是对农村集体经济管理制度的改革创新，它充分发挥了党组织的战斗堡垒作用、党员的先锋引领作用，把扶贫产业与现代特色农业相结合，充分调动贫困户参与"开源造血"的积极性。

（三）共创共享：正负激励的"622"扶贫利益联结机制

中华山村，创造性地提出了"622"分配模式，已形成了村集体资产增值保值、贫困户受益和管理团队正向激励的利益分配方式，建立了新的利益联结机制，激发了村集体经济发展新动力。这要求村集体经济的发展要寻找、建构集体经济成员的共同利益，创新建立共建共享的利益联结机制，鼓励贫困户、贫困村以土地（山场、水面）等资源经营权、财政扶贫到户资金、产业扶贫奖补资金、扶贫小额信贷资金以及折股量化到户的集体资源资产资金、财政支农资金等，入股村集体经济，实行"保底收益＋按股分红"的分配方式，完善利益联结模式，构建紧密带动关系。

参考文献

1. 万山区地方志编纂委员会:《万山特区志》,方志出版社,2017。

2. 政协铜仁市委会:《铜仁百景》,贵州人民出版社,2015。

3. 孙俊逸、刘洪海:《中华山村探索"党组织+622"模式发展"四有农民"助力精准脱贫》,2018年11月5日。

4. 贺雪峰:《乡村治理与农业发展》,华中科技大学出版社,2017。

5. 贾大猛、张正河:《县域现代农业规划的理论与实践》,中国农业大学出版社,2018。

6. 徐大佑、汪延明:《贵州省农业产业经营创新模式研究》,科学出版社,2016。

侗家鼓楼，聚大街小巷村民，迎四面八方来客。这里回荡着侗家人悠长深远的嘹亮歌声，承载着侗家人灵动活泼的欢快舞步。

什么是快乐？就是看着青山绿水、草木莹莹，房屋焕然一新，还有那些亲切的邻里。

湖畔的山雾依旧缭绕，林田的青柚已挂树梢。最不舍的还是那碧水的清冽，最怀念的还是那果子的清甜。

门外汉成了土专家
春晖社走来新使者

——两河口村调研报告

2018年10月17日，铜仁市万山区转型可持续发展大调研第十组在两河口村召开座谈会，会议由两河口村支部书记姚元会主持，敖寨乡政府副书记杨武杰、两河口村第一书记罗国玉（万山区社会救助局局长）、村主任陈小久，以及村委委员杨秀华、杨秀来、欧爱妹、姚勇海等参加座谈。下午围绕第一书记和驻村干部的工作职责、工作感悟、工作事迹、工作成效等内容与第一书记罗国玉进行了访谈，并参观了香柚种植基地、"易丰农业"蔬菜大棚、春晖社和新时代农民讲习所等。

18日至19日，为了进一步了解洋世界村在万山区转型可持续发展背景下精准扶贫实施情况，发现扶贫工作亮点，总结有效的扶贫经验，调研组成员深入百姓家中和田间地头开展参观走访与入户调查工作。其间，分别与致富带头人杨米昌（男，40岁，青蕴农业负责人，春晖使者，万山区人大代表）、邓家保（男，36岁，海天农业负责人，春晖使者）、脱贫户杨昌启（男，49岁）、"易丰农业"务工人员王建英（女，40岁）进行了访谈。同时，还参观了"海天农业"香菇种植基地和"青蕴农业"蔬菜种植基地。为进一步了解精准扶贫实施情况和百姓满意度，调研组成员还随机走访农户，对罗家坪组杨元保（男，43岁，贫困户）、石头寨组杨秀华（男，53岁，中共党员）和杨秀柴（男，47岁，贫困户）、下格寨组杨秀来（男，43岁，中共党员）、黄泥塘组杨维昌（男，43岁，中共党员）、石里拗组卢正早（男，29岁，煜隆家具公司负责人）、深冲组张吉元（男，54岁，非贫困户，中共党员）和王泽亮（男，37岁，非贫困户）、下深冲组王叁（男，33岁，贫困户）、唐召明（男，48岁，贫困户）等农户进行访谈调查。

两河口村在春晖使者姚元会、邓家保和杨米昌等的探索和带领下，走出了一条富有特色的"春晖社＋集体经济组织（或个体经济组织）＋公司＋党建＋农户"的脱贫致富发展道路。但是，要实现转型可持续发展，两河口村还需要在人多地少和资源禀赋制约下，进一步推进农业供给侧结构性改革，发展高产值农业，探索生态循环农业发展模式。

一、基本概况与历史沿革

（一）基本信息

自然环境：两河口村位于敖寨乡东部，地理位置位于东经109°30'，北纬27°59'，平均海拔349.0米。村委会设在相思河和黑溪河交汇处，距乡政府所在地3公里，东与碧江区瓦屋乡接壤，南与下溪乡、洋世界村相邻，西与中华山村相接，北接六龙山乡。全村总面积24.8平方公里，耕地面积1650亩，人均耕地面积0.74亩。地形为中山峡谷，南北两边为高，中部敖寨河流过，较为平坦。

社会环境：两河口村全村辖易家寨组、石头寨组、黄泥塘组、上格寨组、下格寨组、深冲组、下深冲组、汤家垅组、瓦田组、罗家坪组、廖家组、老木冲组、界上溪组、石里拗组、枧溪组、冲口组、半冲组等17个村民组，2017年有农业人口780户、2367人。其中低保户217户、332人，五保户2户、2人，危改户253户、774人，重病户3户、3人，残疾户126户、139人，60岁以上老年人口388人。近年来，每年外出务工人员800余人，就近务工500余人，返乡创业30人。

精准扶贫：两河口村于2017年出列一类贫困村，2014年至2018年建档立卡贫困户196户、664人，未脱贫8户、22人，脱贫户188户、642人，贫困发生率从2014年的28%下降到2018年的0.92%。

（二）基层组织概况

两河口村村支监"三委"干部共9人（村党支部3人，村委会3人，监督委员会3人），帮扶单位1个（区民政局），驻村工作队1个，派驻第一书记1人。其中第一书记为万山区民政局社会救助局局长罗国玉、村支书姚元会、村委会主任陈小久、村监委会主任杨小昌。驻村工作队员成员由万山区人力资源和社会保障局副局长、万山区敖寨侗族乡党委副书记（挂职）杨武杰，万山区敖寨侗族乡党委委员、武装部部长、敖寨乡人民政府副乡长卢忠伟组成。

此外，两河口村还建有春晖社和新时代农民讲习所。其中春晖社共有春晖使者10名，其中中共党员8人，入党积极分子1人，群众1人。新时代农民讲习所作为两河口村政策宣讲的重要窗口，2017年以来共开展培训10余次，培训人员300余人次，开展政策宣讲活动40余次，政策普及2000余人次。

2018年10月21日，连玉明院长与两河口村村主任陈小久交流，了解两河口村春晖社组织机构。

（三）乡村特色

2004年底，易家寨和深冲分属于两个行政村，沿相思河两岸延伸。2005年，经上级批准，易家寨村和深冲村正式合并，村委会设在相思河和黑溪河交汇处，故命名为两河口村。两河口村石头寨是居住较为集中、木楼群落保存完好、具有侗族建筑文化风格、自然环境优美的侗家古寨，至今已有600多年的历史。^①由于颇具历史价值和民族特色，石头寨于2015年1月被住建部列入第三批中国传统村落名录。同时，两河口村还到黔东南州请来侗族工匠师和歌师在易家组建了钟鼓楼，并教会当地村民唱侗歌，打造侗族文化旅游地。

另外，石头寨组保存着明万历年间所建的祠堂，祠堂内由戏楼、

---

① 资料来源：《探访大山深处的传统村落——石头寨》，万山网，2015年1月28日。

厢房和正殿组成，类似四合院。正殿三间，中间一间为神龛，摆放杨氏先祖杨再思画像，两边墙壁绘有花鸟人物图画，中间由四根屋柱撑着屋顶川梁。每年的农历正月初期，杨姓村民们都会齐聚祠堂晒族谱、商讨族内事物、祭祖和祈求风调雨顺。

二、基础条件与特色优势

（一）基础条件

交通设施：两河口村形成了"一纵一横"的路网格局。其中583县道从两河口村中部穿过，贯穿东西；从半冲至碧江区六龙山侗族土家族乡瓮慢村通村路与县道583相衔接，贯穿两河口村南北两侧。并且乡

2018年10月21日，连玉明院长一行考察敖寨乡香柚产业园。

内通村路、通组路、联户路、产业路已基本实现。其中，"组组通"公路3条8.4公里、"一事一议"连户路4026米、产业桥2座、产业路4.05公里。同时，实现组组通硬化水泥路，连户路硬化率100%，全村实现人居建筑室内外全硬化。

公共服务设施：在当地政府的大力支持下，两河口村建成易家寨组钟鼓楼和文体广场各1处，全村建有农民文化综合广场5处、新时代农民讲习所1处，建有设施完备功能齐全的村卫生室2处、小学2所、公共厕所2处、幸福互助院1处。此外，还建有320平方米的村级活动场所1处。

乡村治理：两河口村"五改一化一维"项目共实施完成677户，户户实现100%安全住房，并按户配备厨灶和卫生间；农村人饮安全工程完成建设3处，全村现有集中式安全人饮供水点17处，覆盖全村17个村民组所有农户；广电云"户户用"安装677户；安装太阳能路灯123盏。全村所有农户均已接入国家农电网，享受全国同网同价电力资源，并完成农电网全面改造。移动、电信信号和4G网络无盲区全覆盖。

（二）特色优势

两河口村不仅有大棚蔬菜种植基地、香柚种植基地、鱼塘养殖基地和水岸庄园等集体经济产业，还分别于2017年和2018年引进了"青蕴农业""海天农业"和香柚香苗木有限公司等个体小微企业，产业发展初具规模。两河口村除了有优越的交通条件、齐全的公共服务设施，并形成良好的乡村治理局面外，还是一个具有深厚的民族文化底蕴的侗族村落，特别是石头寨传统村落和杨氏宗祠等传统民族文化资源，为该村打造农旅一体化发展模式奠定了基础。

三、创新实践与发展模式

近年来，在村"两委"和春晖使者的共同探索下，两河口村逐渐形成具有自己特色的产业发展模式。为加快田园综合体建设进度，强化农业龙头带动作用，两河口村大力推进大棚蔬菜种植。[①] 一方面，采取"春晖社＋集体经济组织＋公司＋党建＋农户"的经营模式积极发展集体经济，其中以春晖使者姚元会负责的"易丰农业"为代表。另一方面，引导和鼓励村庄精英采取"春晖社＋个体经济组织＋公司＋党建＋农户"的经营模式返乡创业，发挥个体经济在脱贫攻坚和转型发展中的助推引领作用，其中以春晖使者邓家保的"海天农业"和春晖使者杨米昌的"青蕴农业"为代表。

(一)"土专家"春晖使者姚元会

2018年58岁的姚会元，担任村委会干部20余年。"新时代农民讲习所"开讲以来，他每期必到。正如受访时姚元会所说："在讲习所里听到了乡村振兴，要把产业发展落到促进农民增收上来，全力以赴消除农村贫困，我心里就更有底了。"2018年，两河口村蔬菜大棚建起来后，姚会元每天都缠着来自山东的科技副乡长在"新时代农民讲习所"培训蔬菜种植技术，向他一遍一遍地请教，一点一点地学。瓜苗怎么管理？病虫害怎么防治？从门外汉硬是成了土专家。姚元会说："易丰农业是集体的产业、是村里的希望，作为村支书我必须管理好，带着村

---

① 敖寨侗族乡 2017 年种植标准大棚蔬菜总计 800 余亩，其中两河口村青蕴农业 260 余亩、易丰农业 240 余亩，中华山村金中农业 300 余亩。

民致富。"

在姚会元的带领下，两河口村的蔬菜种植有了快速发展，易丰农业现建有9个大棚，占地面积320亩，达到日产蔬菜5万斤的规模。产量有了，销路怎么办？"产量大，还要价格好，这样集体才有更多收入，贫困户才会有更多分红。"姚元会如是说。通过乡政府的帮助，蔬菜进入了商场、超市、农贸市场，甚至还卖到了网上，通过电商渠道打开了销售"新大门"。两河口村通过发展蔬菜产业，实现集体收入35万元，每户贫困户通过劳务和分红，每年直接获益30000元。

（二）决战脱贫攻坚新战场的春晖使者邓家保

邓家保是两河口村黄泥塘组人，2000年18岁时参军入伍，2005年11月从空降兵部队退役。在万山区"大众创业、万众创新"趋势下，

2018年10月21日，连玉明院长与两河口村脱贫户姚本秋交流，了解其生活情况。

2010年邓家保返乡创业。2018年10月18日下午，调研组对邓家保进行专访时，他说："在部队搞军民联建和进行野外生存训练时，与当地农民接触了解到不少关于食用菌的知识，碰巧的是当时家乡干部正在尝试推广种植香菇等食用菌，因此我把目标锁定在食用菌种植上。"为了获取相关知识和经验，他分别到湖南、湖北、福建、浙江、河南、东北等地学习食用菌种植技术，并引进了相应的品种，在家乡开始了自己的创业之路。

2014年11月，他成立了铜仁市万山区海天保业食用菌种植专业合作社，2016年底木耳基地正式运作投产，效益可喜。2017年1月，成立了铜仁市万山区海天农业发展有限公司。该公司共流转土地300余亩，建有3600平方米的钢架彩钢棚菌棒加工厂房一处，配套设施齐全，同时第一批投产的夏季香菇也于2017年7月顺利出菇。经过几年的发展，

2018年10月18日，调研十组访谈两河口村致富带头人邓家保。

邓家保带领乡亲从一片荒山起步，建立了拥有一家公司、两个基地、180个大棚、300余亩土地的生态农业合作社，合作社实现产值300余万元。自合作社成立以来，邓家保已为30名当地村民解决就业问题，同时带动6户贫困户增收，年收入达到1万元以上。2017年底，在万山区人武部和敖寨乡政府支持下，邓家保又办起农村电商平台，合作社产品实现零库存，还拉动周边农产品实现销售额60余万元，带动100余户农民脱贫致富。

在种植初期，邓家保走访了全国食用菌种植的主产区，学习先进的种植技术和栽培模式，结合当地的环境气候摸索出一整套科学可行的种植办法，例如"高海拔养菌、低海拔出菇，搭建经济、节能、高效、优质的香菇出菇棚"生产模式，该模式被铜仁市农委高度认可，并被贵州省科学技术厅选为食用菌菌渣生物处理与资源化利用关键技术研究与示范合作企业。

（三）"临危受命"反哺家乡的春晖使者杨米昌

1997年高中毕业后，杨米昌外出务工开始从事建筑业相关工作，2005年开始自己做包工头承包建筑工程。外出务工让他开阔眼界，学到了很多致富本领。2007年30岁的杨米昌返回家乡铜仁，在九龙洞风景区开办山庄，一路苦心经营，省吃简用，山庄生意日渐兴隆，9年间山庄营业额从10万元上升到120万元，事业蒸蒸日上让杨米昌成了家乡的骄傲和榜样。2017年，万山区在全区推广九丰大棚技术，敖寨乡迅速响应，大棚种植基地选址在两河口村黄泥塘组田坝上，但谁来经营成了难题。两河口村支部书记姚元会亲自将杨米昌请回来，杨米昌说："家乡养育了我，现在家乡需要我，我有什么理由不回去呢？"

返乡后，杨米昌成立了青蕴①农业发展有限公司，流转耕地260亩，建有8连栋大棚3栋、3连栋大棚2栋，共5栋棚，棚内种植面积210亩。在他的经营下，整个园区建设从3月规划到大棚建成再到6月蔬菜上市仅用了3个月的时间。受访时杨米昌满怀信心地说："虽然初次接触大棚蔬菜，但感觉这个产业很有前途，很适合我们贫困村，所以我的干劲特别足，希望产业能够早日帮助百姓增收。"面对不懂技术的乡亲，杨米昌请技术员手把手开展培训，让他们不仅富了口袋，也涨了知识。2017年青蕴农业年总收入达106万元，带动就业62人，其中精准扶贫户27人，实现户均增收0.8万元以上，园区面积也扩大至10万平方米。

四、存在问题及原因分析

集体经济与个体经济在经营管理模式、利益分配方式和效益等方面都存在差异，集体经济强调社会效益而缺乏特色经营，加上市场信息不充分导致"有产量无产值"的后果。反之，个体经济由于强调经济效益而积极寻求突破当前发展困局的路径，而当前的政策环境成为其进一步发展的制约因素。

(一) 农产品同质化严重，缺乏市场竞争力

集体经济是脱贫攻坚的重要途径和保障，因此集体经济经营者做

---

① 2018年10月19日上午笔者对杨米昌进行专访，当问及为何用"青蕴"作为公司名称时，杨米昌说："因为当时我还处于创业期，给公司起名时我查了字典，觉得青蕴这两个字代表的是年轻、充满活力和积累，比较适合我现在的心境和情况，所以就用这两个字。"

发展决策时首先考虑的不是经济效益，而是社会效益，因此不可能像个体经济那样敢于探索种植"低产量高产值"的特色农业。两河口村集体经济主要种植大棚白菜、丝瓜、黄瓜等有产量无产值的"保守"产业，未形成具有高附加值的特色产业集群。同时，由于政府政策的统一性，不同村庄集体经济同质化经营现象凸显，养殖业和种植业市场同质化严重，容易形成恶性竞争现象，导致农产品缺乏市场竞争力。

(二) 市场信息不充分，销售渠道单一

对市场信息的了解程度以及对市场变化的把握，是产业项目选择和发展成功的关键。然而，两河口村村民对市场经济发展规律的认识不深入，对市场行情和市场信息的分析能力不足，导致大棚蔬菜、香柚种植、渔业养殖等集体经济生产的产品在销售环节与市场需求脱钩。同时，农产品一般通过批发市场直接销售，销售渠道单一，并且未形成固定的销售渠道，周转成本较高，导致农产品利润较低。

(三) 政策支持和土地资源有限，个体经济发展遭遇瓶颈

中国农村改革实践证明，个体经济是农民在经济发展过程中的自发选择，不仅是被农民认可的可以增收的重要途径，也是推动农村转型发展的重要力量。不同于集体经济，个体经济具有较强的趋利性，在积累资本后个体户扩大再生产的意愿较为明显，对加大政策支持力度、开发新耕地等的诉求较为强烈。调研访谈中，一些农户就指出，尽管相较于前几年，个体经济发展政策有所完善，但随着个体经济的进一步发展，个体经营户在投资环境、政策支持、土地流转等方面遇到瓶颈，制约了两河口村个体经济的发展。甚至一些村民认为，政府

在加大政策支持力度的同时要将荒山开垦出来进行流转，充分利用荒山荒地发展产业经济。

五、对策与建议

一方面，推进农业供给侧结构性改革，实施特色产业发展模式，提升资源价值，是当前两河口村农业转型发展的关键。另一方面，两河口村春晖使者和致富带头人姚元会、邓家保和杨米昌等在探索农业转型发展过程中积累了一些发展经验，值得借鉴和推广。

(一) 充分利用资源，推广生态循环农业发展模式

如何突破土地资源限制，实现转型可持续发展是当前山区农村亟待解决的问题。两河口村春晖使者邓家保就做了这样的尝试。为效益最大化，规避市场风险，邓家保在创业过程中逐渐探索出一种生态循环发展模式：将食用菌废弃菌棒作为蚯蚓饲料；蚯蚓可作为石蛙食料，发展特色水产养殖；蚯蚓蛋白质丰富，可作钓鱼诱饵、饲料原料；蚯蚓可入中药，挖掘药用价值；蚯蚓可喂养下蛋母鸡，使得鸡蛋个头大、单产高。春晖使者邓家保对生态循环农业发展模式的探索，为两河口村的产业发展提供了经验借鉴，值得推广。

(二) 保持适度规模，探索发展高产值特色农业

基于中国人多地少的资源禀赋现状，一些学者认为，在农村人口不可能快速减少的情况下，要让农民依靠农业致富，是根本不可能的。事实上，这也凸显了在保持适度经营的同时，通过探索种植高产值特

2018年10月18日，调研十组实地走访考察两河口村海天农业公司食用菌基地，了解食用菌种植情况。

色农业改变农村资源配置格局，提升农村资源禀赋价值，从而推动农村经济社会变革的重要性。因此，集体经济应摒弃薄利多销的经营理念，勇敢探索高产值产业发展模式；个体经济要注意降低资金闲置率，提高资金周转率，积极投资推进高产值产业发展。

（三）探索一体化经营模式，降低农产品生产周转成本

如果说，农村集体经济的目的之一是抵御单个家庭无法应对的成本风险，那么农业产业一体化经营就是为了降低生产经营成本，实现利润最大化。然而，当前农村农产品生产"各自为战"，农产品销售多为初级产品，农产品同质化且价值低廉。可尝试探索农产品一体化经营模式，一方面实现农产品就地加工，增加本地就业岗位的同时提升

农产品附加值；另一方面实现产销结合，减少农产品周转次数，降低农产品销售成本。

（四）推进农旅结合发展模式，提升当地资源价值

致富手段，无非就是充分利用现有资源和通过转移生产要素的方式实现可利用资源的增加。两河口村不仅拥有优越的地理位置、交通条件和发展较为成熟的农业产业，还有独特的侗族传统文化资源，充分利用独特优势提升和凸显资源价值，对村庄转型可持续发展来说具有重要意义。在加强农业产业化发展的同时，应进一步挖掘传统文化资源，利用沿河、沿路等优势打造乡村休闲旅游度假区，发展体验式旅游产业，提升优势资源经济价值的同时，通过旅游业获取外部性资源补偿，实现可利用资源的增加。

参考文献

1. 两河口村：《2008年—2018年工作总结及工作汇报材料》，2018。

2. 韩俊：《农村发展的根本是要让农民富裕起来》，《农村工作通讯》2014年第5期。

3. 唐洪潜、郭晓鸣：《对我国农村合作经济的理论思考》，《经济体制改革》1988年第3期。

城里再高的摩天大楼，都不如母亲带着我，攀上家中的小阁楼，感受那沁脾的清风，眺望那绵延的山丘。

塘中是活蹦乱跳的鱼儿，岸边是殷切期盼的钓者。一根根竿儿，一排排人儿，等待的是那时那刻的那份喜悦。

在烟火兴旺的村寨，地里有青菜，院里有家禽，狗儿正摇头摆尾，儿孙正天真无邪，这便是幸福人家。

"飞地经济"优势足
"鱼跃世界"模式新
——洋世界村调研报告

    2018年10月22~23日，铜仁市万山区转型可持续发展大调研第十组在敖寨乡洋世界村通过召开座谈会、访谈典型代表、走访参观考察、进村入户调查等形式开展调研工作。调研组在洋世界村召开调研座谈会1场，座谈会由洋世界村第一书记敖游（贵州省储备物资管理局二五八处副处长，挂职万山区区委常委、副区长）主持，驻村干部彭浩钟（万山区市场监督管理局信息中心主任）、村委会支部书记杨祥光、村主任杨顺富，以及村委委员杨忠华、杨细敏和杨余香等参加了座谈。

    调研组围绕第一书记和驻村干部的工作职责、工作感悟、工作事迹、工作成效等内容分别与第一书记敖游和驻村干部彭浩钟进行了访谈。并且深入百姓家中和田间地头开展参观走访与入户调查工作，分别与桐木坪组致富带头人杨桂昌（男，45岁，乡级人大代表，个体养殖户）、杨顺文（男，53岁，个体养殖户）、杨长发（男，33岁，广隆公司发起人）和洋世界村小学校长蒲贵生（男，53岁，一级教师，33

年教龄）进行了访谈，了解村民外出务工和返乡创业情况、创业历程和创业经验等。通过随机走访，对苏家坡组蒲照池（男，40岁，广隆公司法人）、姚车友（男，45岁，中共党员）、吴桂桃（女，50岁，非贫困户）、杨花妹（女，46岁，独生子女户）、杨梅花（女，54岁，贫困户），蒿菜坪组刘金香（女，54岁，个体户）、杨桃花（女，61岁，贫困户）等农户进行访谈调查。

通过调研，笔者对洋世界村的基本概况、转型可持续发展情况以及脱贫攻坚有了一定的认识和了解。特别是作为敖寨乡最先出列的贫困村，打工经济为脱贫攻坚做出了贡献。然而，随着洋世界村的产业发展和乡村振兴战略的实施，劳动力匮乏、技能技术缺失、市场规律认识不充分以及资金短缺等问题凸显成为制约该村转型可持续发展的重要因素。因此，如何利用外界先进技能技术和当地政府提供的市场信息与职业技能技术等公共服务，成为该村产业和经济社会转型可持续发展的关键。

一、基本概况与历史沿革

（一）基本信息

自然环境：洋世界村位于敖寨侗族乡东南部，平均海拔450米，年均日照时数1455小时，无霜期288天，平均降水量1450毫米，属亚热带季风湿润气候，水资源较为丰富，溪流经该村全长6公里，小溪众多，溪流大部分属雨源性河流，发展农业产业具有得天独厚的优势。距乡政府驻地13公里，距区政府驻地58公里，全村总面积9.6平方公里，耕地面积896亩，其中田地596亩、土地300亩，人均耕地面积0.74亩。全村森林面积10080亩，森林覆盖率达70%。由于人多地少，加上地处武陵山区的中心地带，山高谷深，沟壑纵横，自然灾害频发。尽管生态环境良好，但发展条件差。

社会环境：洋世界村为2016年初出列的一类贫困村，全村辖蒿菜坪、洋世界、油榨冲、盐井溪、舒家坡、湾里、桐木坪、罗家田等8个村民组，农业户籍人口369户、1186人。住着侗、汉、布依、苗四个民族，其中少数民族人口占80%以上。空巢老人12人，18岁以下人口266人，留守儿童4人，残疾人口57人。全村共有党员33名，年龄最长者80多岁，平均年龄50岁，党员年龄普遍较高，而党员文化程度普遍较低。

精准扶贫：洋世界村为一类贫困村，全村有低保132户、209人，特困户10户、12人，危房改造户147户，已于2016年出列。全村共有建档立卡户116户、421人，已脱贫112户、412人，未脱贫4户、9人，贫困发生率从2014年的33.94%下降到0.76%。

（二）基层组织概况

洋世界村同步小康驻村工作组共7人，组长敖游兼任第一书记，工作组队员有彭浩钟、吴远勇（敖寨乡党委委员、纪委书记）、杨柳青（敖寨乡人大副主任）、吴承庚（敖寨乡村镇规划站负责人）、杨细敏（洋世界村委委员）、高涛（敖寨乡交管站负责人）。驻村干部彭钟浩，村党支部书记杨祥光，村委会主任杨顺富，村委委员杨中华、杨细敏、杨余香，监委会主任杨光卫。驻村干部和村"两委"积极协调省相关部门、区组织部、区统战部、区发改局、区财政局、区民政局等单位支持洋世界村建设，得到各部门帮扶资金共计上百万元。

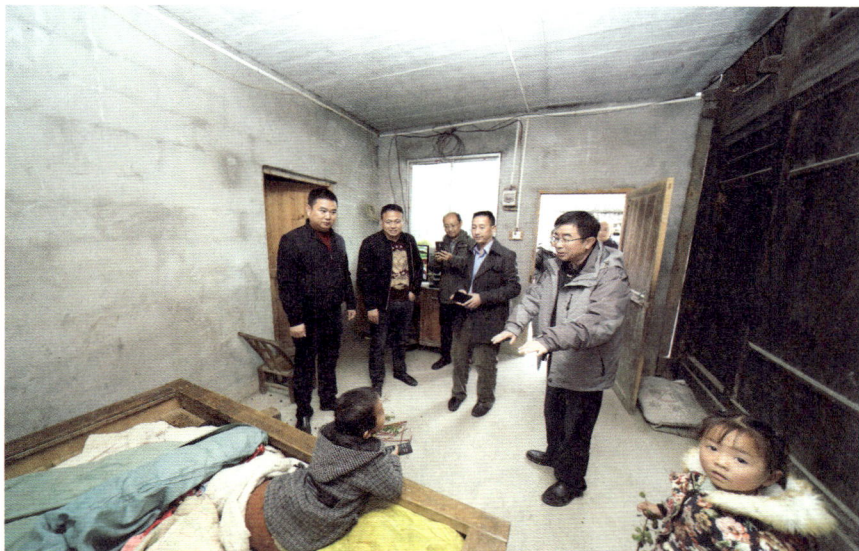

2018年10月21日，连玉明院长走访洋世界村脱贫户杨大明家，并与其孙子交流。

二、基础条件与特色优势

（一）基础条件

交通设施：截至目前，洋世界村实施建设的4条共12公里通村路已全部硬化或铺沥青路（已完工进山湾经舒家坡到盐井溪段3.5公里、赵溪口到盐井溪段窄改宽5.5公里、响水洞至易家寨段约1公里，舒家坡至相见坡段约2公里已开工建设）；完成3条6.5公里"组组通"道路建设（罗家田到油榨冲湾3公里已硬化、村委会到响水洞3公里已铺油、罗家田到洋世界老屋0.5公里已硬化）；同时，58条约4000米连户路已全部打通硬化。

公共服务设施：洋世界村8个村民组均接入国家电网（由南方电网下溪供电所供电，有变压器5台），保证了农业生产和生活用电。通过人饮工程建设，现洋世界村共有集中式安全饮水点15个，实现全村安全饮水全覆盖。全村已实现电信4G网络无盲区全覆盖。通过实施危房改造、"五改一化一维"等扶贫工程，基本实现户户有安全住房，并配备灶和卫生厕所，人居环境得以改善。

同时，洋世界村建有小学和幼儿园各一所，实现适龄孩童就近入学入住，充分利用义务教育阶段各项资助政策，为贫困家庭子女从学前教育到大学教育提供相应的扶持和资助。2017年度教育兜底92人，兜底补助132200元。全村建有文化娱乐休闲广场2处、村级农家书屋1处；广电云"户户用"已全面实施；有规范化管理村级卫生室1处，保障村民便利就医，代缴全村116户、421名贫困人口的合作医疗费用共计49320元，帮助69人报销医疗兜底费用共计877108.74元。

此外，洋世界村建有便民商业服务和金融服务网点1处；与全省同步实现村级客运班车通车；打造美丽乡村示范带，对公路沿线进行美化、绿化；实施了连户路亮化工程，安装太阳能路灯118盏。

(二) 特色优势

洋世界村以水稻种植为主，同时种植生产特优农产品，成立了一家村集体专业合作社，发展油茶种植、"飞地"食用菌种植、林下生态养殖、"鱼跃世界"水产养殖综合体等产业。村集体经济发展主要有食用菌、油茶、跑山鸡、水产鱼养殖等，2017年村集体资产突破120万元，集体经济收入30万元，按照"622"模式分红实现贫困户全覆盖，村民人均年收入达到7461元，村集体经济结余资金5万元。

洋世界村根据乡政府"一带两翼"的产业布局，积极发展集体经济，重点打造种植养殖业，种植油茶265亩，"鱼跃世界"综合体水产养殖生态鱼100万尾。2017年，全村建档立卡贫困户参与村集体经济"飞地"食用菌产业分红85户，每户900元；参与村集体经济林下养殖产业分红62户，每户1600元；参与朱砂古镇产业分红54户，每户1600元。

为实现脱贫致富，改善村民居住环境，合理统筹生产、生活、生态空间，洋世界村在上级党委政府的支持下制定了《铜仁市万山区敖寨侗族乡洋世界村改善农村人居环境村庄规划（2017—2030年）》，该《规划》对产业发展进行了科学布局，一是打造东部生态科技园区，二是打造南部生态养殖区，三是打造西部经果林种植区，四是打造北部油茶种植区，既激活了洋世界村闲置山地的经济价值，又使该村产业发展形成全面开花的局面。

（三）乡村治理

敖寨乡通过实施"五改一化一维"工程、制定《人居环境村庄规划》等举措进一步落实乡村治理政策，夯实乡村治理基础，提升乡村治理水平。首先，按照"应改则改"原则，洋世界村已完成289户农户的"五改一化一维"工程，实施危房改造63户，从根本上解决了群众住房安全问题。同时实施易地扶贫搬迁工程，共搬迁27户、123人，其中2016年搬迁3户、11人，2017年搬迁24户、112人，主要迁入地为观山雅居、城南驿、谢桥等地。

其次，《人居环境村庄规划》分别对该村的产业发展、村域综合设施、居民点等三大领域进行了科学布局。一是产业发展重点打造科技园区和种植养殖区等四处；二是村域综合设施规划以七个居民点为对象，按照绿色、循环、低碳理念，建设供电、饮水、安全、体育健身、污水处理、公共卫生厕所、活动广场、农村超市、垃圾收集池等公共服务设施，为群众生活留足空间；三是居民点建设规划以土地资源集约高效利用为原则，分别规划了蒿菜坪、洋世界、油榨冲、盐井溪、舒家坡、湾里、桐木坪等七个居民点。

三、创新实践与发展模式

"产业兴旺"是实施乡村振兴战略的首要任务，其不仅有利于推进农业供给侧结构性改革，也有利于激活农村的经济价值。近年来，洋世界村围绕脱贫攻坚行动和同步小康工作目标，结合自身经济社会发展情况，在产业发展和农民增收上狠下功夫，探索符合自身实际的"飞地"食用菌种植和"鱼跃世界"水产养殖综合体等产业发展模式，不

2018年10月21日，连玉明院长在洋世界村水产养殖基地与垂钓者蒲贵生（洋世界村小学校长）交流。

仅壮大了村集体经济，拓展了增加村民经济收入的途径，更为重要的是推动了洋世界村经济社会转型可持续发展，为乡村振兴战略奠定了经济基础。

（一）"飞地"模式

洋世界村山高谷深，沟壑纵横，可利用耕地较少，人均耕地面积仅0.74亩，加上受"7·4"特大洪灾①影响，洋世界村脱贫攻坚任务艰巨。为了避免贫困户因灾返贫，让脱贫攻坚和产业发展更好地结合起来，突破洋世界村"少耕地、无特色资源、无劳动力、无基础设施"的"三无一少"困境，洋世界村支"两委"、驻村工作组打破村与村之间的行政和地域界限，向中华山村河谷地带的长田坝组租借土地200余亩，以"飞地"模式积极发展食用菌产业，发展黑木耳11.7万棒，实现经济效益16.8万元。全村建档立卡贫困户2017年享受"飞地"食用菌种植产业分红共85户，每户900元。

"飞地"模式采取"党组织＋合作社＋贫困户＋村集体"形式，通过政府贴息贷款、"三资入股"、保底分红等方式，组织贫困群众以资源、资产、资金直接入股专业合作社，租用中华山村的土地发展特色产业。正如洋世界村食用菌合作社负责人杨祥光说："在我们合作社里，贫困户可以以资金、资源、资产及技术入股，把资金、资源、资产等量化折算为股份，这样资金就变成了股金、资源变成了资产、贫困户变成了股

① 2016年7月4日，铜仁市万山区敖寨乡遭受严重洪水灾害，据统计，全乡受灾人口8127人，农作物受灾面积4100亩，受损房屋185户215栋，冲毁房屋52户52栋，道路、供电、供水、通信、网络等基础设施受到严重损毁，经济损失总计达到15620.9万元。

民。我们采取纯利润的60%用于贫困户、20%用于村级积累、20%用于管理人员奖励的精准扶贫'622'利益分配机制，将扶贫项目与贫困户的利益紧密联结，形成了对扶贫对象和管理人员的正向激励。"

"飞地"模式既突破了洋世界村贫困群众缺地缺水发展产业的困局，壮大村集体经济，又为中华山村出租土地的农户创造收入来源。同时，洋世界村负责田间管理、技术指导、市场销售，为实现基地与群众利益有效联结，在基地日常用工中，以洋世界村和中华山村贫困户为主，实现两村互利共赢。

(二)"鱼跃世界"模式

受"7·4"特大洪灾影响，洋世界村大部分梯田被洪水冲毁，经土地修整后变成平地，部分用来发展水产养殖经济。"鱼跃世界"水产养殖综合体位于洋世界村蒿菜坪组，占地面积37余亩，总投资180万元，拥有鱼塘6个，生态鱼100万尾，便道、堤坝等已基本建设完成。"鱼跃世界"水产养殖综合体以生态鱼养殖为基础，以垂钓娱乐为切口，多样化经营，提升产业附加值，打造生态休闲养生新模式。该项目覆盖全村117户建档立卡户，预计年产量超过100吨，纯利润达50万元以上，户均分红超过3000元。

四、存在问题及原因分析

"飞地"食用菌种植和"鱼跃世界"水产综合体养殖等产业发展模式是洋世界村经济社会转型可持续发展的重要举措。然而，随着产业的深入发展，劳动力匮乏、市场信息不对称、职业技能缺失和资金短

2018年10月21日，连玉明院长与洋世界村脱贫户杨光恒交流，了解其生活情况。

缺等成为洋世界村经济社会转型可持续发展的突出问题。

（一）劳动力匮乏致使产业发展缺乏智力支撑

洋世界村属于一类贫困村，于2016年出列，是敖寨乡出列最早的贫困村。洋世界村能够于2016年出列，"打工经济"功不可没。不可否认，大量农村人口外出务工一定程度上缓解了人多地少的矛盾，对农村经济结构调整有一定的促进作用。然而，随着乡村振兴战略的实施，农村经济发展对人力资本的需求使得洋世界村劳动力匮乏现象凸显。据村干部介绍，一方面外出务工的经济收入有保障、来得快，相较于留在村里探索创业，大多数村民更愿意外出务工，另一方面一些大中专毕业生尽管就业困难，也不愿意留在村里，致使村级经济发展缺乏人才保障和智力支持。

（二）市场信息不对称打击了农民发展产业的信心

对于从事经济作物种植的农户而言，核心问题是如何与市场对接。然而，洋世界村产业经济发展过程中，由于对市场信息了解不全面、对市场规律掌握不充分，村民对市场风险和市场机遇评估不准确，无法充分利用市场规律，导致村民发展产业的意识缺乏、信心不足，抑制了洋世界村产业发展势头。例如，2018年10月23日上午养殖大户杨桂昌接受笔者专访时说："市场这一块我们也不太了解，把握不住这个规律，主要通过同行介绍和政府的建议，但是政府工作人员来看的时候只说趁赚钱的时候卖出去，别一直留着，但关键是不知道什么时候赚钱。"不仅洋世界村杨桂昌如此，笔者在两河口村和瓮背村调研时许多种植养殖户同样面临着市场信息不对称的问题。

2018年10月22日，调研十组实地参观洋世界村村民制作红苕粉现场，了解制作工艺。

（三）技能技术缺乏成为农村产业发展的短板

在洋世界村产业发展过程中，随着规模化养殖的发展，饲养、疾病防疫等技能技术缺乏逐渐成为养殖业扩大再生产的重要制约因素。正如养殖种植大户杨顺文接受笔者专访时说："我觉得现在搞养殖最重要的就是技术这一块，虽然政府时不时搞一些培训活动，包括种植用药、施肥和养殖打疫苗针等，但是政府的培训没有针对性，他们又不来现场指导，他们培训讲的都有道理，但是到现场基本用不上。"同时杨桂昌也说："我现在养殖肉牛13头、生猪23头、马2匹、山羊2只，2017年获国家扶贫攻坚养殖补助，标准为生猪200元每头、牛800元每头、山羊200元每只，目前养殖总资产已到20余万元。搞养殖最怕的就是病毒传染，我不懂技术，尽管每年政府都发放疫苗，但是最多只能顶住3个月，一个传一个，损失太大了。"可见，随着产业的深入发展，养殖技能技术，特别是防疫技能技术成为亟待解决的问题。

（四）资金短缺减缓了产业发展势头

除了劳动力、市场信息和技能技术外，资金短缺也已成为洋世界村产业发展的制约因素，减缓了产业发展势头。例如2018年10月23日下午笔者对广隆公司发起人杨长发进行专访时他说："有深圳的公司通过微信平台想跟我们合作，他们下单要购买杀好的鸡2000只，但我们只能无奈地取消了订单，因为我们没有杀鸡和保存鸡肉的设备，2000只鸡我怕人工还没杀完，杀好的鸡肉就坏掉了。我们现在还欠银行100多万元，还不知道以后的经营怎么样，所以还没打算购买相关设备，怕买了生意又做不成，那些设备就没用了。"就这样，广隆公司不得不放弃了第一笔大宗肉产品交易机会。表面上看这是因为缺设备，但实际上是因为资金匮乏无法对相关设备进行投资，这无疑减缓了产业发展势头。

五、对策与建议

事实证明，农民产业发展，除了涉及自身资金等因素外，技术支持、市场信息等方面也需要政府提供相应的公共服务。规模较大的个体经济或许可以直接与相关企业合作，但大多数种植养殖户仍然需要政府进一步履行公共服务职能，提供技能技术、市场信息和拓宽融资渠道等公共服务。

（一）与技术部门签署合作协议，加强"一对一"技术服务

技能技术缺乏已成为洋世界村微小企业和个体种植养殖户扩大再生产的一大障碍，不仅如此，还抑制了洋世界村返乡创业人员的创业势头，打击了创业信心。如何解决这一问题，洋世界村广隆公司与正大集团合作为我们提供了部分借鉴。正如杨长发所说："我们广隆公司与正大签署了合作协议，公司生猪养殖需要的饲料全部由正大集团提供，正大集团不仅为我们公司员工提供喂养和防疫技能培训，只要我们需要，还直接派人到现场提供技术指导服务。"可见，与相关技术部门签署合作协议不仅可以提供"一对一"技能服务，还可以节省经营成本，特别是对于规模较大的农村私营企业而言。

（二）加强政府农技服务，鼓励务工人员返乡创业

洋世界村大多数种植养殖户经营规模还远未达到广隆公司的规模，

2018年10月23日，调研十组访谈洋世界村致富带头人杨桂昌。

为小种植养殖户提供市场信息服务和技能技术指导，仍然需要政府来统筹规划。借鉴企业技能服务模式，结合种植养殖户具体需求提供有针对性的市场和技术指导服务，不仅是种植养殖户突破技术瓶颈、增强经营信心的重要途径，也是鼓励外出务工人员返乡创业的重要手段。

（三）拓宽融资渠道，加大农业设施设备投入

融资难问题是制约我国农村经济可持续发展的重要原因。一方面，结合商业性金融、合作性金融、政策性金融等，加快建立资本充足、功能健全、服务完善、运行安全的农村金融服务体系，拓宽融资渠道，加大对农村产业发展的资金扶持力度，支持个体经济购置与建设农产品生产加工和冷藏保鲜设施设备。另一方面，通过履行公共服务职能的方式加大农业设施设备投入，为不同村庄不同产业分别建设统一的

农产品生产加工和冷藏保鲜设施，重点服务集体经济和规模较小的种植养殖户。从而，解决农村产业发展的后顾之忧。

参考文献

1. 洋世界村：《2008年—2018年工作总结及工作汇报材料》，2018。
2. 宋洪远：《构建普惠型农村金融体系 缓解农户贷款难》，中国经济网，2009年11月。
3. 梁晨：《产业扶贫项目的运作机制与地方政府的角色》，2015。

最美的回忆，是童年时的玩闹嬉戏。就算小雨淅沥，沾上了一脚的泥，也挡不住心中的烂漫。

漫山遍野，都是勃勃生机。山坡上的雄鸡，正昂首挺胸，等待朝阳升起时，唱响那清晨的第一曲高歌。

放牛归来，路过桥边荷塘，池中的绿叶，为深秋的阴沉点缀了一份生机。待到明年盛夏，小荷又会露出它的尖角，给整片池塘换上粉色的新装。

藕鳅共生原生态 立体种养新主张

——瓮背村调研报告

2018年10月20~21日，铜仁市万山区转型可持续发展大调研第十组在敖寨乡瓮背村通过召开座谈会、访谈典型代表、走访参观考察、进村入户调查等形式开展调研工作。调研组在瓮背村召开调研座谈会1场，座谈会由瓮背村第一书记王贵发[①]主持，敖寨乡党委委员、副乡长吴通，瓮背村驻村干部杨应堂、村党支部书记杨昌喜、村主任杨会成、村委委员毛艳萍、村支委杨钱昌参会并发言。调研期间，调研组对驻村第一书记王贵发，致富带头人杨胜良，脱贫户代表杨秀雨、杨秀妹，瓮背村小学校长张有志等5人进行了专访，对烧见冲组、鱼塘组、杨家寨组、丰产坝组、桥冲组、老屋组的未脱贫户、脱贫户、非贫困户等农户进行了入户调查。同时，参观了莲藕泥鳅立体种养殖基地等。

自开展脱贫攻坚工作以来，瓮背村经济社会各项事业取得长足发展。基层组织建设全面加强，产业结构逐步优化，脱贫攻坚精准发力，人居环境持续改善，脱贫攻坚成绩的取得为实施乡村振兴战略奠定了

---

① 王贵发，贵州省储备物资管理局二五八处物资管理科科长，于2018年3月担任瓮背村第一书记。

坚实基础。但受自然条件影响，瓮背村作为深度贫困村发展滞后的现状没有得到根本改变，贫困落后仍然是瓮背村的基本特征。当前的瓮背村已经进入了新的发展阶段，如何破解发展存在的困难和问题，发挥独特优势，走出一条可持续发展道路，需"立足脱贫攻坚形势，着眼乡村振兴战略"，要回答好乡村振兴要素"资金""土地""人才"的三个问题。

一、基本概况与历史沿革

（一）基本信息

地理环境：瓮背村是国家列入建档立卡的一类贫困村、深度贫困村之一，位于万山区东北部，地处全国14个集中连片特困地区之一的武陵山区中心地带，平均海拔在600米以上，山高路险、沟壑纵横。距敖寨乡人民政府驻地21公里，距下溪乡政府驻地7.2公里，距万山区人民政府驻地70余公里，全村总面积14平方公里，耕地面积1582.5亩，人均耕地面积0.93亩，林地面积19.478公顷。

人口结构：瓮背村少数民族人口多，是一个以侗族为主，苗、汉、土家族杂居的行政村。全村辖15个村民组[①]，现有户籍人口541户、1622人，2014年至2018年纳入建档立卡贫困户共180户、612人，现已脱贫168户、590人[②]，未脱贫建档立卡户25户、68人，全村贫困发生率由

---

① 瓮背村15个村民组为：权冲组、湾里组、农家坡组、辽冲组、丰产坝组、杨家寨组、鱼塘组、老屋组、秋田湾组、桥冲组、烧见冲组、相见坡组、上午坡组、合包田组、瓦田组。

② 其中2015年脱贫9户、31人，2016年脱贫33户、153人，2017年113户、360人，2018年13户、44人。

2014年的40.5%下降到目前的4.5%。① 低保户144户、223人，五保户4户、5人，重病户2户、2人，残疾户94户、94人，易地扶贫搬迁户81户、344人。正式党员40人，预备党员6人，积极分子10人，村支"两委"及村监督委员会共8人。长期外出务工255人，以农家坡组、合包田组、瓦田组、上午坡组和烧见冲组等为主，其中，建档立卡户区内务工共有65户、85人，区外务工共有82户、120人。60岁以上老人267人，90岁以上老人13人，其中无劳动能力老人74人，丧失劳动力老人5人。全村杨氏人口占人口总数的90%以上，其余姓氏主要有冯姓、刘姓等。

（二）基层组织概况

村"三委"班子：瓮背村村支"两委"及村监督委员会共8人，瓮背村党支部于2017年荣获敖寨侗族乡委员会"先进党支部"称号，村党支部书记杨昌喜，支部委员杨会成、杨钱昌；村委会主任杨会成，村委委员毛艳萍、蒲林华；监委会主任杨举光，监委委员杨胜先、蒲茶香；未设村团支部书记、村民兵连长。

驻村工作组：为打赢脱贫攻坚战，瓮背村在上级党委政府指导下成立了同步小康驻村工作组，工作组成员7人，组长王贵发，组员有杨勤②、杨应堂、胡政宽③、满益波④、刘苏佟⑤、毛艳萍。

经济合作社：村经济合作社3个，其中"铜仁市万山区民信生态种养殖专业合作社"为村集体经济合作社，成立于2017年，法人代表杨

---

① 数据来源：瓮背村报告《以脱贫攻坚为契机，扎实推进瓮背村转型发展》。
② 杨勤：敖寨乡党委书记。
③ 胡政宽：敖寨乡农业服务中心主任。
④ 满益波：敖寨乡扶贫站工作人员。
⑤ 刘苏佟：敖寨乡宣传中心负责人。

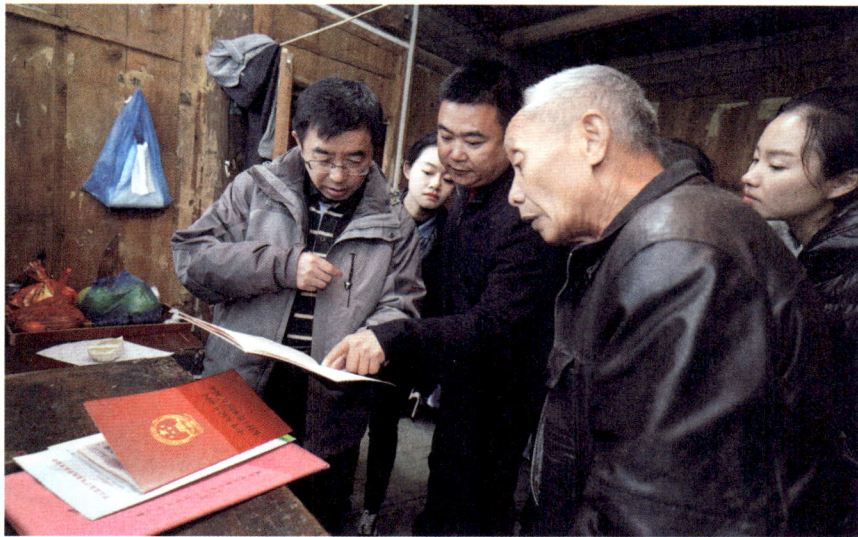

2018年10月21日，连玉明院长向瓮背村脱贫户杨昌武了解农村土地承包经营权相关政策。

会成，该合作社由42户、130人组成，其中建档立卡贫困户24户、56人。"铜仁市万山区腾龙山种养殖农民专业合作社"为个体经营，法人代表杨胜良；"铜仁市万山区杨胜平油茶蔬果种植专业合作社"为个体经营，法人代表杨胜平。

（三）村名由来

据《万山区志》记载，瓮背村村名蕴含着一段感人的故事。以前，在敖寨有一个杨姓老人，老太公有四个儿子，长大后，各自成了家，重新划分了居住土地。大儿子分居在苏棚，二儿子分居在新寨湾，三儿子分居在石头寨。由于小儿子好吃懒做，老太公决定将其送到偏远的地方去。那时，小儿子不愿意远离父母的怀抱，久居家中迟迟未曾离去。老太公见其还未起身，便叫了三五人，强行硬背去了那个偏远地带。当时，那里还无人居住，也没有地名，小儿子居住下来后，将住地取名为硬背。因为当地方言鼻音较重，把"硬"念成了"瓮"，"硬背"便成了"瓮背"。

二、基础条件与特色优势

（一）基础设施日臻完善，脱贫攻坚硬件支撑持续强化

2017年1月至2018年4月，瓮背村共修建通组公路1条，全长2500米；修建联户路4500米，并进行了100%的硬化；建设桥梁6座；修建产业路2条，共8300米；瓮背村辽冲至湾里公路完成主路拓展工程，真正解决了"走不出去、请不进来"的发展瓶颈问题。道路绿化300米；安装路灯95盏；修建集中式安全人饮供水点7个，覆盖12个村民组；所有农户均已接入国家电网，并已完成电网全面改造；全村实现移动信号、电信信号和4G网络无盲区全覆盖；2014年至2017年，全村共有危房改造户168户①，改造面积共计18560平方米，共投入资金73.07万元，从根本上解决了群众住房安全问题。

（二）公共服务设施和公共服务水平全面提升

乡村教育：瓮背村设幼儿园一所，目前在园幼儿数33人，教师1名，保幼员1名；设农村完小②一所，在校学生27人③，教师7名④，教学软硬

---

① 其中，贫困户64户，非贫困户104户。
② 该校隶属于万山区义务教育集团第七教育集团。
③ 其中，一年级11人，二年级5人，三年级4人，四年级3人，五年级0人，六年级4人。
④ 其中，男教师2名，女教师5名。

件配套设施较为齐全，基本满足教学需求。学生中建档立卡户11人①，每人每年享受600元补贴。全村2017年建档立卡户84户、136人享受教育资助共计166800元。

卫生医疗：设村卫生室一个，其设施完备功能齐全，基本能够满足当地群众看病所需，实现村民家门口看病的愿望。贫困户就医有保障，2017年村建档立卡贫困户产生医疗费用173户，补偿共计636706.24元。

文化场所：申报建设百姓广场一个，投入资金29.07万元，2018年底建成投入使用，建成后将带动瓮背村向"生产发展、生活宽裕、乡风文明、村容整洁、自然生态、管理民主"的方向全面协调发展。

（三）产业引领社会经济发展

集体经济成为村经济发展引擎。目前，瓮背村有集体经济专业合作社1个，发展产业4个。一是莲藕立体种养殖基地200亩，养殖鱼1万余尾、泥鳅50万尾；二是林下养殖跑山鸡1.2万羽，目前存栏5000羽；三是鱼塘养殖泥鳅60万尾；四是发展食用菌标准大棚，现有菌棒8万棒。全村建档立卡贫困户享受村集体经济产业扶贫共有46户、147人，每户1600元；享受"江西上饶吉阳实业集团"朱砂古镇产业扶贫130户、409人，每户1600元；享受生态扶贫16户，每户9600元。

顶层设计，科学谋划产业发展。为实现脱贫致富，改善村居住环境，合理统筹生产、生活、生态空间，瓮背村在上级党委政府的支持下制定了《铜仁市万山区敖寨侗族乡瓮背村人居环境村庄规划（2017—2030年）》，对产业发展进行了科学布局，提出打造生态科技产业园和

---

① 其中，一年级4人，二年级1人，三年级1人，四年级1人，六年级4人。

经果林产业园区。依托敖寨乡的非金属矿产资源，在现有村域企业的基础上，做好资金引进和技术革新工作，在瓮背村中东部建立一个生态科技产业园区，发展莲子、黄桃、空心李种植，同时有效利用村域丰富的矿产资源，该园区主要涵盖杨家寨、相见坡、烧见冲、秧田湾、丰产坝、湾里、农家坡、辽冲等村民组；在瓮背村西侧打造经果林产业园区，以香柚为主，发展香柚经果林4000亩，形成农旅观光带。

务工经济成为农民增收重要渠道。瓮背村把劳务收入作为贫困家庭脱贫致富的重要支撑紧紧抓在手上，动员群众参加区里的培训和苏州高新区万山招聘会。经统计，长期外出务工255人，以农家坡、合包田、瓦田、上午坡和烧见冲等村民组为主，其中，建档立卡户区内务工共有65户、85人，区外务工共有82户、120人。

（四）乡村治理推动美丽乡村建设

瓮背村注重乡村治理，通过实施"五改一化一维"项目，制定人居环境村庄规划，实施村规民约、文明公约，开展最美卫生户评比等举措，夯实乡村治理基础。

实施"五改一化一维"项目改善人居环境。瓮背村实施"五改一化一维"项目以来，严把质量关，做到应改尽改，全面改善农村建档立卡户、已脱贫户和其他困难户的生产生活条件，进一步提升人居环境。全村"五改一化一维"农户共238户①，均已全面完成施工。

科学规划助力宜居乡村。《铜仁市万山区敖寨侗族乡瓮背村人居环

---

① 其中，改厨192户，改水162户，改厕193户，改圈13户，改电144户，房前屋后硬化186户，房屋维修101户。

境村庄规划（2017—2030年）》对产业发展、村域综合设施、居民点三大领域进行了科学布局。其中，居民点建设规划以土地资源集约高效利用为原则，规划了杨家寨、相见坡、烧见冲、秧田湾、丰产坝、湾里、农家坡、辽冲等八个居民点。村域综合设施规划中，以规划的八个居民点为单位，按照绿色循环低碳的理念，建设供电、饮水、安全、体育健身、污水处理、公共卫生厕所、活动广场、农村超市、垃圾收集池等设施，将关系老百姓生活的公共功能规划做深做细，为群众生活留足空间。

"村规民约"引领文明和谐新风尚。瓮背村"村规民约"共计十条，涵盖爱国守法、尊老爱幼、公共卫生、教育科学、集体建设等多方面，言简意赅，奖惩有度，来之于民，用之于民，对于管理约束群众的行为规范具有重要作用。此外，瓮背村还出台了文明公约，以维护村正常生产生活秩序，实施村民自我教育、自我管理、自我服务。村内还进行最美卫生户评比，主要从室内及厨房、厕所及农户圈舍、室外及个人卫生等方面进行评比。

三、创新实践与发展模式

近年来，瓮背村围绕脱贫攻坚行动和同步小康工作目标，在产业发展和促进农民增收上狠下功夫，逐渐形成"藕鳅共生立体种养"产业发展模式。因瓮背村气候、土壤适宜莲藕生长，村支"两委"集体研究决定，种植莲藕可以利用莲花走农旅一体化路线，莲花开后结出的莲子、莲心和根部的莲藕都具有食用价值，在田里套养鱼、泥鳅还可以充分利用土地资源，具有较好的经济效益。莲藕泥鳅立体种养殖基地200亩，栽种莲藕3.6万株，配套养殖鱼1万尾、泥鳅50万尾。该产

2018年10月21日，连玉明院长一行与瓮背村艺术爱好者杨昌陆交流，了解其木雕艺术作品。

业覆盖瓮背村2017年33户精准贫困户，莲蓬通过电商平台"黔邮乡情"线上销售800多箱，并与铜仁华联等5家超市合作日均销售2000多朵。"藕鳅共生立体种养"模式壮大了村集体经济，拓宽了产业发展路径，促进了经济社会可持续发展。

四、突出问题及原因分析

瓮背村贫困发生率由2014年的40.5%下降到目前的4.5%，脱贫攻坚工作成效显著。要进一步实现贫困面貌的深刻改变、巩固脱贫成效、持续提升群众满意度、筑牢可持续发展根基，瓮背村还需关注一些关键问题。

（一）脱贫内生动力不足成为贫困群体脱贫致富瓶颈

当前，瓮背村脱贫致富工作以政府为主导，群众主体作用发挥不明显，内生动力不足。瓮背村"五个一批"脱贫路径中，发展生产脱贫（62户、329人）、易地搬迁脱贫（69户、258人）与社会保障兜底（23户、55人）成为脱贫主要方式，发展生产脱贫主要表现为集体经济分红，结对帮扶机制也更多地表现为外部助力脱贫。紧扣当前脱贫攻坚形势，从实施乡村振兴战略角度出发，部分贫困户"等靠要"思想仍然存在，主动要求脱贫、积极寻求脱贫路径的意识不强。部分农户仍然求稳怕变，排斥变革，极大地抑制了其主动脱贫致富的自觉性；另外，受教育水平普遍较低，留守农村的贫困群体大多都是小学或初中文化程度，认知能力和自我发展能力有限。此外，缺项目、缺资金、缺技术、缺劳力、销售难、风险大等因素也在客观上降低了农户发展产业脱贫致富的积极性和可能性。"我想搞养殖业，可是我没有那么多钱来投资，又不懂疾病防疫技术，一旦生病就不好处理了，风险太大。"瓮背村一位农户如是说。

（二）全要素购买的消费趋势不利于农户资本积累

随着市场化改革的推进，我国的农村消费已经逐步进入"全要素购买时代"。调研中发现，瓮背村村民从农业生产环节到日常生活用品基本实现"货币化消费"，在农业生产环节，农民不仅要购买种子、化肥、农药等生产资料，而且还要购买农机耕种、灌溉、除草、打药、收割等各种产前、产中和产后服务，正如瓮背村一位种植大户所说："我种了这么多空心李，买树苗、化肥、农药就投了一大笔钱，到除草、打药、剪枝还要花钱请人。"在日常生活用品方面，村民除了在村内和

2018年10月21日，调研十组专访瓮背村小学校长张有志。

村庄周围的实体店采购各种生产生活用品之外，还可以通过网络平台预购家电、服装、家具、农资等各类生产生活用品，留守在村的人群基本上"全部靠买过日子"。在收入有限的情况下，除去教育、医疗及人情往来等必要消费支出，全要素购买的消费趋势进一步削弱农户的储蓄能力。在资本积累不足的条件下，瓮背村脱贫攻坚的成果难以巩固，甚至出现脱贫户返贫现象，乡村振兴战略的实施也可能面临来自村集体和农户两个层面的资本困境。

（三）人口结构问题制约乡村振兴战略主体作用发挥

实施乡村振兴战略，要始终坚持农民主体地位，但调研中发现，瓮背村人口结构问题较为突出。一是人口老龄化严重，60岁以上老人267人，90岁以上老人13人，老龄化趋势明显，青壮年劳力流入城市，留村发展年轻人较少，乡村振兴面临人才断层困境。二是大龄未婚男青年群体人数较多，据统计，瓮背村大龄未婚男青年有30余人。受家庭贫困、通婚圈小、健康状况差等多种因素影响，他们在教育、技能、收入、住房、沟通能力等方面存在着明显的差距。正如瓮背村某大龄未婚男青年感慨："都是讲要钱，要房子，要车子，我哪里来车子、房子呢，她要我买房子买在城市里，城市里要几十万元，我哪里有那么多钱买。"同时，村里90%都是杨氏族人，同姓不婚的婚姻禁忌缩小了通婚圈子。三是劳动人口负担重，家庭负担系数①普遍较高，家中一两个劳动力要供养两个老人和多个孩子，有的家庭虽有适龄劳动人口，却因残而丧失劳动力。

五、对策与建议

瓮背村在脱贫攻坚期面临脱贫内生动力不足、农户资本积累水平较低、人口结构问题较为突出等三大问题，解决好这三个问题，要立足脱贫攻坚形势，着眼于乡村振兴战略，循因施策，以机制激发贫困群体的脱贫内生动力，以产业提高农村资本积累水平，以公共服务有效供给缓解人口结构问题，巩固脱贫成果，奠基乡村未来。

（一）实施正负激励机制，激发贫困群体脱贫内生动力

部分贫困户没有将国家扶贫措施转化为改变贫困落后的动力，造

---

① 负担系数是指被供养人口与劳动年龄人口的比值。被供养人口包括0~14岁的少年和65岁以上的老年人口，劳动人口指15~64岁的劳动年龄人口。比值越大，说明每百名劳动人口供养的人口越多。

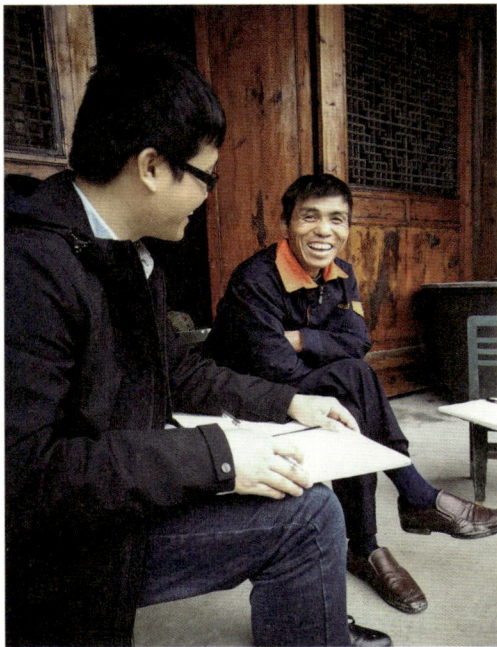

2018年10月21日，调研十组走访瓮背村脱贫户代表杨秀雨。

成扶贫干部急、贫困户不急的现象，使脱贫攻坚效果和意义大打折扣。为进一步激发瓮背村贫困群体的内生动力，一是深入实施"精神脱贫"行动，采用"扶志点评"①工作机制，通过对比式点评和示范式点评方式，激励贫困群众自我加压，教育引导贫困户学习先进、因地制宜发展产业，增收致富；采取灵活多样形式，进行产业发展指导、种养技术培训、科普班、识字班等多层次、全方位的培训，尽量满足群众各层次的知识增长、素质提升、技能培训需求；深入贯彻教育扶贫各项举措，坚决阻止贫困代际传递。二是加大对专业合作经济组织的扶持力度，为贫困农户生产提供组织保障。通过农村专业合作组织，把分散的农户联结成比较稳定的产销关系，解决贫困农户生产过程中遇到的资金、技术和销售等方面的难题，增强农户的生产能力和抵御风险能力。三是筹建产业化风险基金，补偿贫困农户经营风险。当前，瓮背村产业

---

① 陕西省宝鸡市麟游县为激发贫困群众内生动力实施了扶志点评工作机制。该机制通过设立"红黑榜"形成正负激励，有效增强贫困群众内生动力。

发展势头持续向好，设立农业产业化基金用于调节因自然灾害或经营亏损所产生的损失，有利于稳定贫困农户的经营收入，减少收入波动，保持持续经营的能力，避免农户发展热情受到打击。

（二）以产业发展为抓手，提高农村资本积累水平

市场经济条件下，农村全要素购买的消费趋势不可避免，在收入水平不变的前提下，减少消费只能进一步降低农户生活水平。因此，农村资本积累要从提高农户收入水平入手，通过产业发展增加农户和村集体经济收入，从而提高农村资本积累水平。一是明确产业发展定位，做优做强现有产业，壮大村集体经济。扩大莲藕种植面积，延伸优化莲藕立体种养殖业，积极发展莲藕深加工；扩大油茶种植面积，配套完善相关基础设施，考虑油茶深加工产业，发展油茶下游产业；配套完善食用菌、果蔬产业发展相关基础设施，解决食用菌、果蔬冷藏保鲜、运输、销售等问题，打造特色品牌。二是进一步深化"三变"改革，引导农户以土地经营权、宅基地使用权、林权等资源，财政、扶贫项目资金量化或自有闲置资金等资产，入股村内或跨区域优势产业经营主体，进一步激活农村资源要素、存量资本和人力资源，促进产业增效、农民增收、生态增值。

（三）促进公共服务有效供给，缓解农村人口结构问题

"三农"问题的核心是农民问题。农民问题具有系统性、长期性、复杂性、滞后性等特点，解决农村人口问题需要花大量的时间以及巨大的人力、物力和财力。根据瓮背村实际情况，破解瓮背村人口老龄化、大龄未婚男青年及劳动力负担重等问题，以政府为主导，扩大公

共服务有效供给。一是加快构建农村养老、孝老、敬老的政策体系和社会环境，积极发展农村互助养老、自我养老等养老模式，建立以土地承包权换取养老服务的机制，应对人口老龄化危机。二是乡政府、共青团、妇联等基层组织要积极牵线搭桥，搭建农村大龄未婚青年婚介平台，丰富农村基层文化娱乐，增加适龄男女青年交流机会，拓宽农村青年找对象的渠道。三是因病残等原因造成劳动力缺失而无收入来源的，政府社保兜底，保障其基本生活，并为丧失劳动力人口提供政策性就业岗位，缓解家庭劳动力负担。

参考文献

1. 翁背村：《2008年—2018年工作总结及工作汇报材料》，2018。
2. 陈俊言：《对我国农村人口问题对策探讨》，百度文库，2018年6月。
3. 邓俊淼：《农民专业合作组织推动农户融资模式研究——基于河南省社旗"农民专业合作社＋农村信用社"模式的考察》，《农村经济》2010年第9期。

水塘里，是日出而作的动力，是日落而归的期盼，是辛苦摸索的
见证，是成果丰收的喜悦……

莲藕的清脆，泥土的芬芳，山泉的甘甜，都是记忆里最美的味道。

屋旁小道遍布着儿时成长的足迹，鸡圈拐角掩藏着儿时收获的喜悦，山林丛中满载着儿时探索的热情。望眼欲穿是对乡愁最有力的表达。

青瓦侗寨半坡建
种养产业平地起

——杨家寨村调研报告

2018年10月17~19日，铜仁市万山区转型可持续发展大调研第十调研组成员程茹、彭小林赴敖寨乡杨家寨村进行了为期3天的调研，与第一书记（黄杰）、村支"两委"（村党支部书记熊文武、村委会主任田勇军、敖寨乡村支委委员张绍祥、村委委员李云彩）、驻村干部（敖寨乡组织委员陈丽萍）等围绕产业发展、交通建设、特色资源、生态保护、卫生医疗、脱贫攻坚、基层党建、社区治理、易地搬迁、科技培训等问题进行了座谈。同时，访谈第一书记黄杰、致富带头人田勇军（村主任、退伍军人）、脱贫户代表杨胜平、护林员代表蒋德忠，考察了生猪养殖基地、苗木种植基地、莲藕试验农田。此外，入户访谈了吴家启（脱贫户，85岁）、杨细球（脱贫户，54岁）、杨昌树（脱贫户，49岁）、张来娣（脱贫户，47岁）、邓兴见（脱贫户，65岁）、聂富银（贫困户，62岁）、张永发（非贫困户，62岁，中共党员）、杨春风（非贫困户，45岁）、张嗣权（非贫困户，46岁）、杨光明（非贫困户，48岁）等农户。

杨家寨村经济收入以种养殖为主,农业基础较为薄弱,农民总体生活水平有待提高,尤其是贫困户多为老弱病残群体,劳动力缺失,无固定经济来源。在帮扶单位和村"三委"的共同努力下,全村的基础设施得到改善,村集体经济得到初步发展,村民生活质量显著提高。

一、基本概况及历史沿革

(一)基本信息

杨家寨村为高原丘陵地形,位于万山区敖寨侗族乡西北部,面积约15平方公里,距敖寨乡政府所在地8公里,距万山区主城区约26公里。全村有耕地面积1440亩,其中农田690亩、土地750亩。全村辖10个自然村寨,共8个村民小组,328户,户籍人口871人,常住人口1080人,其中低保户87户、125人,重病户1户、1人,残疾人72户、81人,危房改造户108户,建档立卡贫困人口45户、139人。近年来,通过扎实开展扶贫工作,杨家寨村脱贫44户、136人,未脱贫1户、3人,2017年贫困发生率降低到0.33%。全村党员共计34人,其中流动党员13人,60岁以上党员12人。[①]

(二)基层组织概况

第一书记:杨家寨村现任第一书记黄杰(万山区人力资源和社会保障局),2001年参加工作,先后在万山区农业经济管理办公室、计生

---

① 资料来源:2018年《杨家寨村转型可持续发展情况汇报》材料。

办、税务局、党政办、人社中心、人社局、劳动监察大队任职，2018年10月8日正式驻村。访谈中，黄杰表示今后将以党建、思想教育为抓手，促进村"三委"思想上的统一。黄杰进一步说道："思想上的统一，就是慢慢地消除他们心中的隔阂，让他们更加团结，共同为村里面的发展贡献力量。主要是从党建抓起，其次就是精准扶贫上面，按照省区市的统一规划和工作安排，巩固好脱贫攻坚成果，保证贫困户不返贫，让他们的收入一年比一年高，不让非贫困户变成贫困户。"

驻村工作队：目前驻村工作队常驻队员有2名，分别为敖寨侗族乡组织委员杨丽萍，2017年9月驻村；敖寨侗族乡水务站负责人罗晓慧，2017年9月驻村。驻村工作队员主要职责是协助第一书记做好脱贫攻坚工作。

村支监"三委"：党支部书记熊文武，2011年12月任职；村委会主

2018年10月17日，调研十组与杨家寨村村支"两委"召开座谈会。

任田勇军，2013年11月任职；监委会主任张永发，2017年5月12日任职。其余成员包括村委委员张绍祥、李云彩，监委委员田昌培、杨光明等。

（三）乡村特色

村名来历：据《万山特区志》记载，杨家寨村旧时，因杨姓人口最多而得名。1992年农业学大寨时，更名为东风大队，1984年大队改村。2005年，敖寨、金家场和东风三个村合并为一个行政村，叫"中华山村"。后东风村析出，恢复其原名——杨家寨村。

经济来源：杨家寨村村民经济来源以农产品生产和外出务工为主，其中贫困户主要通过自愿入股村集体经济生猪代养和苗木产业来分得红利。同时，致富带头人流转土地种植食用莲藕，不仅让部分群众转变了传统的种植观念，也让部分农户通过土地流转和参加集体经济务工等途径提高了经济收入。

村容村貌：杨家寨村以侗族村民为主，大部分村庄沿道路建设，小部分在坡地上，主体建筑风貌体现了乡村居民"小青瓦、坡屋顶、转角楼、雕花窗、青砖墙、花垂柱"六大要素。

二、基础条件和特色优势

（一）生产生活基础设施建设情况

全村共建成集中式安全人饮供水点5个，覆盖8个村民组的所有农户，完成242户旧水管改造和设计建设工程。全村农户均已接入国家南方电网，享受国家同网同价电力资源，通过完成201户旧电路改造工程，有效降低了因电路老化引起的安全事故发生率。全村实现移动、电信、联通信号和4G网络全覆盖，广电网络有线电视"户户用"项目实施253户，基本实现全覆盖。全村实现组组通公路，并且"组组通"联户路均已硬化，2017年建成联户路4000米，产业路1条。部分村寨已安装路灯，并且区发改局已立项，将安装新增路灯95盏。

（二）公共服务设施和公共服务水平

全村目前有公办小学及幼儿园各1所、体育广场1处、设施完备功能齐全的村卫生室1所、280平方米活动室1处。此外，通过向上级争取项目建设旅游公厕1所，改变辖区群众出门没有地方上厕所的历史。同时，通过开展健康扶贫工作，建档立卡贫困户2017年通过医疗兜底报销共计85135.69元，解决了群众看病难问题。通过开展义务教育资助工作，22户建档立卡贫困户28人享受教育资助，兑现资助金额共计36800元，解决了贫困学生上学难问题。通过开展就业创业培训，有效提高了劳力的种养殖技能，其中2018年开展就业创业技能培训2场，共106人参加培训，促进了群众的创业就业。

（三）产业发展、务工经济和集体经济情况

杨家寨村目前农业以水稻种植、生猪养殖为主，农民收入主要依靠务农和外出务工，个体经济规模小、参与人数少。访谈中第一书记黄杰谈道："近年来外出务工的收入条件较好，都喜欢出去务工，不读书的都出去务工了。从目前就业情况来看，像40~50岁这个年龄段的，基本上都在周边搞灵活就业，搞建筑这块的比较多。"

全村目前有一个合作社和一家企业，为铜仁市万山区敖寨乡富民种植专业合作社和铜仁市万山区敖寨乡惠民种养有限公司。村集体经

2018年10月18日，调研十组实地考察生猪养殖集体经济，了解集体经济发展情况。

济目前有两个，一是以"5221"模式①运营的长效苗木种植项目，通过引导群众流转土地200余亩，投入35万余元（其中，向上级争取项目款20万元，村级自筹15余万元）建成了苗木种植基地，种植的苗木品种有红叶石楠、红枫和栾树。二是以"622"模式②运营的生猪代养项目，以杨家寨村为基点，打造生猪代养"北翼产业带"。依托铁骑力士集团代养模式，采用"1211"模式（即1个规模场，夫妻2人，年出栏商品猪1000头，利润达10万元），共引导群众流转土地14.5亩，预建设标准化猪舍3栋、92个猪圈、3400平方米，投入200余万元（向上级争取项

① "5221"模式：即将纯利润的50%用于建档立卡户分红，20%用于精扶贷户分红，20%用于管理人员工资，10%用于村集体经济积累。
② "622"模式：即将纯利润的60%用于贫困户、20%用于村集体经济积累、20%用于管理人员奖励。

目款60万元，村级自筹140余万元）。目前，已建设标准化猪舍2栋、92个猪圈、2000平方米，养殖规模达800~1200头，2018年已进栏800头，预计年底均可出栏。按照"622"模式与贫困户进行有机捆绑，可有效带动贫困群众45户、139人就业增收，项目达产后，年产值保底收入将达到40万元。[①]

杨家寨村建档立卡贫困户享受村集体经济产业扶贫35户，每户1600元；享受朱砂古镇产业扶贫10户、20人，每人1600元。利用扶贫小额信贷入股村集体经济，实行产业奖补，杨家寨村建档立卡贫困户享受小额信贷共10户，其中全部入股村集体经济；建档立卡贫困户发展产业奖补共14户，兑现奖补资金1.62万元。

（四）乡村治理情况

"五改一化一维"工程：共计投入382万余元，为全村254户进行了改厨、改水、改厕、改圈、改电和房前屋后硬化及房屋维修，实现了"五改一维一化"全覆盖。

卫生环境完善工程：2017年，修建旅游公厕一个，在每个村民组投放垃圾箱，同时在道路沿线设有垃圾池，生活垃圾定期由敖寨乡政府统一收集、集中处理。

易地扶贫搬迁：对居住在生存条件恶劣地区的帮扶对象，开展移民搬迁扶贫。对建档立卡贫困户，实现易地搬迁6户、23人，其中2016年搬迁1户、6人，2017年搬迁5户、17人。

---

① 资料来源：2018年《敖寨侗族乡经济社会发展情况汇报》材料。

三、创新实践及发展模式

杨家寨村目前正以生猪代养集体经济打造敖寨乡"一带两翼"战略格局的"北翼产业带"。该产业风险小、收益稳、见效快，可充分发挥专业合作社的辐射带动作用，针对无经济条件、无养殖技术和无劳动能力的贫困户，以"合作社 + 贫困户"的合作方式，采取"1211"生猪代养模式可解决现有养殖户的资金压力、重大疫病死亡、市场行情不稳定等问题。养殖户通过这种代养模式可实现持续稳定的增收，为该村群众脱贫致富奔小康注入新动力。

四、突出问题及原因分析

（一）集体管理规范缺失，成果易于流产

2017年，杨家寨村莲藕种植集体产业因无人管理而流产。访谈中，村主任田勇军介绍说："搞这个莲藕，2017年我们是种了点，村里面也种了点，因为集体的东西缺乏人管理，后面我才接手。"实地考察中，调研组了解到集体经济观赏苗木已栽种3年，正处于管护的关键阶段，但资金不够，100余亩苗木现在无人修剪管护。村支书熊文武诉苦道："一旦长势过头，便可能没了观赏性，卖不到好价钱，就亏钱。"究其原因，关键在于缺乏人员和资金分配管理规范，真正受益的农户不参与管理经营，负责管理的村干部不是直接受益人群，相关方参与度及积极性不高，导致集体经济面临亏本、流产的窘境。

（二）农户养殖观念落后，养殖成活率低

入户走访中，调研组了解到区人社局针对精准扶贫户组织了养鸡专业培训，并免费发放100只鸡苗，大多农户以传统方式养殖，鸡舍潮湿，温度变化大，导致鸡苗容易生病，加上理论知识掌握不足，针对各种病症无法做到及时预防、早期发现、有效治疗，而导致鸡苗总体成活率偏低，大多不超过50%，个体养殖模式难以盈利。而脱贫户蒋德忠通过建设温棚、勤观察、及时预防，实现98%的鸡苗成活率。个体养殖对养殖技术及养殖条件提出了较高要求，尤其是规模化、标准化发展，这就要求农户改变传统养殖方式，转变养殖观念，加强理论学习，提升自我实践水平。

（三）就业扶持针对性不足，贫困户就业率低

通过访谈及实地走访，调研组了解到杨家寨村目前就业扶持渠道以农技培训及就近岗位推荐为主。其中技能培训主要通过邀请专业人员来村里进行农业种养殖实地培训及指导，因农户的接受程度不同，培训效果差异较大，一旦后期遇到问题，只能以电话咨询，往往导致培训效果大打折扣，同时培训内容主要集中在农业种养殖方面，种类单一。整体缺乏针对不同贫困人群的分类扶持措施，各贫困户致贫原因及家庭情况各异，统一的就业扶持措施往往针对性不足，存在短暂就业再失业情况，导致贫困户就业率低。

五、对策与建议

以提升集体经济发展、农户致富水平为目标，建立健全经济管理

模式及人力资源管理机制，加强村干部综合能力培养及贫困户就业能力培训，实现产业科学发展、脱贫户稳定就业。

（一）完善经济管理机制，推进产业科学发展

以持续增加农户收入为核心，通过建立科学的产前发展评估机制、规范的过程管机制、完整的产后验收机制，形成完整的集体经济发展机制，推进产业科学化发展，避免盲目探索。同时，需大力提高农户的经营管理参与度，充分调动其积极性，确保农民能够参与集体经济组织运营和管理，建立健全民主选举、民主管理和民主监督制度，让农民在参与运营和管理时有章可循、有据可依。

结合本村实际，建议稳定发展折耳根及莲藕种植产业，逐步扩大生猪代养产业规模，增强合作社的辐射带动能力，推广"公司／合作社＋基地＋银信＋农户"的模式，明确管理责任制，建立农户、干部、公司关联的利益联动机制，形成财务、人员、资产相关管理规范，使集体经济走上管理专业、资金稳定、销路畅通的规范化道路。

（二）加强干部能力培训，拓宽人才供给渠道

乡村要振兴，关键在于人——大量乡贤、能人，这就要求乡贤、能人需有思想、有抱负，并具备一定的经济运行管理能力，能组织农民打造合作社，让村里有好项目、好模式、好收益。村干部作为村发展的领头人，其综合能力往往决定村的发展方向，必须加大对村干部的培训力度，提升其致富技能、市场经济理论水平、经营管理能力。同时以乡情为纽带，以优秀基层干部、道德模范、致富能人为示范，鼓励返乡创业，把"有热情、懂经营、会管理"的人才吸纳到村经济

经营岗位上，带领培育新型农民，促进共同富裕。

如何吸纳并留住人才，中国工程院院士、宁波大学植物病毒学研究所所长陈剑平认为："乡贤、领头人的培育和回归，就是让他们在当地能够得到尊重，同时又有一定的回报。留住乡贤的关键是乡贤在原来的村庄里边有获得感：他的经济收入，他满不满意；他在村里边、在故乡从事相关工作，他愉不愉悦；他有没有成就感，有没有尊严。如果这几条都能够满足，没有人愿意离乡背井。"

（三）改变传统种养观念，提升农产品附加值

根据中共中央、国务院关于《乡村振兴战略规划（2018—2022年）》中"按照建设现代化经济体系的要求，加快农业结构调整，着力推动农业由增产导向转向提质导向"的精神指示，根据本村产业发展现状，以村干部为引领、种养殖大户为示范，引领农户加强自我学习，改变传统种养观念，通过提升农产品附加值，提升市场竞争力。

对此，杨家寨村可借鉴河南省栾川县90后姐妹花怪招养黑猪，通过改变传统养殖方式，提高猪肉品质，将一头220斤左右、出肉率达到75%以上的黑猪零售价卖到6000元／头的黑猪养殖致富经历。建议结合本村农业发展现状，结合市场需求，找准商机，秉承品质至上原则，逐步规模化发展，打造核心竞争力，塑造品牌。

（四）完善分类扶持策略，提高就业扶贫效率

扶贫不精准，不仅难见效，还会产生新矛盾。对贫困劳动力就业意愿需有更加详细的了解，找准失业原因，充分尊重贫困户劳动力的个人意愿，分类施策，为其提供有针对性的职业指导、工作介绍、技

2018年10月18日，调研十组实地考察杨家寨村苗木集体经济，了解苗木种植情况。

能培训等服务，以提高就业扶贫效率。例如，对于无法离乡、无业可扶、无力脱贫的"三无"贫困劳动力，量体裁衣，安置在合适的公益岗位上，坚持做到"精准扶贫不落一人"；对于建档立卡贫困家庭子女，联系技工院免费进行技工教育或职业培训；对于正常劳动力，根据其个人特长，提供针对性的技能培训，使其掌握一技之长等。通过完善分类扶持策略，防止出现"短暂的就业、短命的就业、临时的脱贫"现象，从而实现可持续的精准扶贫，实现真正的脱贫。

参考文献

1. 杨家寨村：《2008年—2018年工作总结及工作汇报材料》，2018。

2. 刘婕：《贫困山区村庄整合与重构规划策略研究》，中国矿业大学硕士学位论文，2017。

3. 中共中央、国务院：《乡村振兴战略规划（2018—2022年）》，2018。

后 记

作为一个有着几千年历史的农业大国，"三农"问题一直是关系我国经济和社会发展全局的重大问题，并得到众多专家学者的持续关注和研究。我国社会学大师费孝通先生所著的《江村经济》，对20世纪30年代中国农民的生活做了系统深刻的描述，掀起了我国乡村调查研究的热潮，被誉为"人类学实地调查和理论工作发展中的一个里程碑"。随着工业化、信息化、城镇化、农业现代化的加速推进和叠加效应凸显，乡村作为中国乡土社会的基础单元，正在经历前所未有的变化。党的十九大报告首次提出实施乡村振兴战略，乡村未来到底何去何从开始重新引起社会各界的高度关注和广泛思考，各级政府也把实施乡村振兴战略摆在了优先位置。

在此背景下，铜仁市委、市政府全面贯彻落实习近平新时代中国特色社会主义思想，聚焦乡村振兴战略的实施，组织安排了万山转型可持续发展大调研，铜仁市人民政府发展研究中心联合北京国际城市发展研究院、贵阳创新驱动发展战略研究院组成了万山转型可持续发展课题组，开展了为期一年的跟踪研究与成果转化工作。自2018年5月起，铜仁市委、市政府首席顾问连玉明带领课题组人员先后赴万山开展了三次前期摸底调研，分别对产业园区（铜仁高新区、万山经开区）、旅游品牌（朱砂古镇、彩虹海）、重点企业（万仁新能源汽车公司、九丰农业博览园）以及部分乡镇（高楼坪乡、万山镇）进行了实地考察，并与万山区委、区政府进行了座谈交流，把握了万山乡村发展的总体情况和基本脉络。

2018年9月，课题组反复学习领会习近平总书记关于实施乡村振兴战略的重要论述，编辑了万山区乡镇（街道）与村（社区）基础资料，为开展万山转型可持续发展大调研做好了前期准备。

2018年10月13日至28日，课题组组织北京国际城市发展研究院、贵阳创新驱动发展战略研究院、铜仁市人民政府发展研究中心研究人员组成86人的调研团队，赴铜仁市万山区各部门、重点企业、乡镇（街道）、村（社区）开展了为期15天的集中调研。调研期间，课题组共召开了100余场座谈会，实地考察了100多个产业项目，走访近1000户群众，重点访谈约500人，实现了95个村（社区）、重点部门、重点企业的全覆盖，撰写形成了90篇[①]调研报告。调研结束之后，课题组通过对调研报告进行修改完善，撰写形成了《山村调查》（五卷）。本书重点研究了五个方面的问题。

一是摸清基础情况。课题组深入各村（社区），系统收集了全区各村（社区）的地理位置、平均海拔、主要民族、主要姓氏、

---

① 出于行政区划调整、易地搬迁以及个别村（社区）体量较小等原因，有5个村（社区）没有单独形成调研报告，故调研报告总篇数为90篇。

户籍人口、贫困人口、党员数量等基础信息，统计了各村（社区）水、电、气、网络、道路、学校、文化广场、社区医疗机构和养老机构等基础设施和商铺、宾馆旅社、驻区单位、集体经济等基本情况，总结了建国70周年，尤其是改革开放40年来万山各村（社区）的发展变化。

二是找准优势特点。课题组走进田间地头，深入村寨山林，围绕各村（社区）的自然资源、文化遗产、农业项目等进行了调查和分析，找准了各村（社区）的优势与特色，为其今后的发展提供了思路与方向。

三是挖掘典型经验。通过座谈交流，课题组发现并挖掘了一批具有典型示范价值的经验模式，如"九丰农业＋"农旅融合发展模式、"龙头企业＋贫困户"产业扶贫模式、"622"集体经济产业扶贫分红模式等。这些典型经验模式是万山人民勤劳智慧的集中体现。

四是发现突出问题。通过与各村（社区）领导干部、群众的沟通交流，课题组归纳总结了当前万山各村（社区）发展中面临的主要问题和工作难点。比如，村集体经济发展壮大的问题，农村创新创业资金不足的问题，农村留守儿童的教育问题，乡村医生、乡村教师流失的问题，农产品对外销售难的问题等。这些问题既是万山各村（社区）存在的个性问题，也是广大农村地区普遍存在的共性问题。

五是提供对策建议。课题组根据各村（社区）的发展现状、特色优势以及存在问题，提出了有针对性的问题解决方案与建议，这不仅有利于促进万山各村（社区）的健康发展，对于其他农村地区的发展也具有重要的借鉴意义。

在开展调研和撰写书稿的过程中，铜仁市委、市政府专门下发通知，并由市委、市政府主要领导担任调研组组长和副组长，为大调研工作提供了全面保障。万山区委、区政府不仅为大调研工作提供了信息保障、车辆保障、食宿保障和安全保障，还在书稿的撰写、修改过程中给予了充分支持，提出了许多宝贵的修改意见。万山区全体党员干部及广大群众积极配合调研工作，不仅提供了丰富的素材与数据，还提供了许多基层工作的思考与建议。可以说，《山村调查》（五卷）凝聚了铜仁市、万山区两级领导干部和基层群众的思想和智慧，是对万山乡村社会的一次立体式呈现。此外，社会科学文献出版社社长谢寿光高度重视本书的出版工作，指示组织多名编辑对本书进行精心编校、精心设计，保证了本书的如期出版。在此，一并表示感谢！

在研究和编写本书过程中，我们充分利用调研资料，尽力搜集最新文献、吸纳最新观点，以期丰富本书的思想及内容。但受著者水平所限，难免有疏漏之处，恳请读者批评指正。

2019年9月12日